BREVIARIO DEL HOMBRE DE ACCIÓN

Serie Superación, 19

FRANÇOIS GARAGNON

BREVIARIO DEL HOMBRE DE ACCIÓN

Código de ética y de conducta
para uso de caballeros,
samuráis, monjes-soldados,
señores de la guerra,
capitanes de la industria
y otros hombres
de acción.

IBERONET, S. A.
MADRID, 1995

Título original: BRÉVIAIRE DE L'HOMME D'ACTION
Versión española: María Dolores Rodríguez Reboiro

© 1991 por Éditions Monte-Cristo
© 1995 por IBERONET, S.A., para esta edición

Edita: IBERONET, S.A.
      C. Antonio Cavero, 43-C
      28043 Madrid

Diseño de cubierta: José Belbiure

I.S.B.N.: 84-88534-72-8
Depósito Legal: Z. 3.630-95

Imprime: Talleres Editoriales COMETA, S.A.
      Carretera de Castellón, Km. 3,400
      50013 ZARAGOZA

Printed in Spain - Impreso en España

A MIS PADRES

Por haberme inculcado al mismo tiempo el valor
de la acción y las virtudes de la prudencia.

Y también por haberme guiado por el camino de
una cierta ética, especialmente con este principio:
«Haz lo que quieras, pero hazlo siempre bien...».

CONTENIDOS

MODO DE EMPLEO

Hay varias formas, igualmente válidas, de abordar esta obra:

* CLÁSICA: leyéndola de la primera página a la última;

* DISTRAÍDA: abriéndola al azar y hojeándola;

* SELECTIVA: por capítulos, según su tema de interés del momento (en este caso, remítase al índice, página 9);

* TEMÁTICA: por temas o por conceptos, según las palabras clave que le vengan a la mente (en este caso remítase al glosario, página 235);

* MEDITATIVA: consultando en particular el capítulo «Éxito, modo de empleo», en el que se recogen más de 200 máximas, lemas, principios y sentencias pertinentes de pensadores, filósofos, místicos y hombres de acción de todos los tiempos (de Epicteto a Gustave Thibon, pasando por Napoleón, Einstein y Roosevelt);

* PRAGMÁTICA: leyendo en particular el capítulo «El arte de la guerra», en el que se evocan las principales tácticas de combate de los grandes estrategas asiáticos (Sun-Tzu y Musashi);

* LÚDICA: citando espontáneamente un número del 1 al 836 y remitiéndose al fragmento correspondiente (pasatiempo divertido e instructivo que, practicado entre varias personas, puede adquirir un carácter lúdico o adivinatorio

y dar lugar a debates interesantes sobre los temas evocados).

Sea cual sea la forma en que aborde esta obra, sabrá usted, ciertamente, sacar partido de ella. Todas las llaves son válidas, lo importante es empujar la puerta para encontrarse en el interior...

¡Buena lectura!

Prólogo

«¡Un hombre es lo que hace!». Todo hombre de acción podría elegir este adagio de Malraux como lema.

Si el hombre moderno se consagra a la acción es porque encuentra en ella una forma de realización que le parece más propicia para su equilibrio que la noción confusa y ambigua de felicidad. El ser humano está hecho de tal forma que se inclina más gustosamente a buscar su liberación en el combate que su plenitud en el gozo contemplativo. Aunque pretenda aspirar a la serenidad, necesita obstáculos que superar, sufrimientos redentores, búsquedas apasionadas y a veces desesperadas. Este combate, que debe afrontar a través del choque con la realidad, es ante todo una guerra interior. En efecto, alcanzar una meta, dominar un acontecimiento, vencer a un adversario, todos estos actos de confrontación dependen ante todo del dominio de sí mismo.

Ahora bien, en este terreno, las ancestrales lecciones de sabiduría chinas o japonesas tienen un carácter eminentemente más práctico que las filosofías occidentales. En *La race des samouraïs* me esforcé, precisamente, en mostrar en qué los japoneses —porque ellos han sabido conciliar tradición y modernidad, espiritualidad y materialismo— estaban en mejores condiciones de afrontar la movilidad de la realidad que nosotros, occidentales, que nos consagramos a sempiternos debates de retórica, con un gusto particularmente pronunciado por las especulaciones intelectuales. De hecho, nuestro espíritu dualista nos lleva de forma natural a separar la filosofía (mundo de las ideas) y la práctica (mundo de los actos). Considerando que los que piensan no son los que actúan, hemos terminado por subestimar la importancia fundamental de una filosofía de la acción.

Los samuráis disponían de un código de conducta llamado Bushido *(El camino del guerrero)*, que les instruía sobre la manera de dirigir el combate con relación a una cierta moral erigida en ética de la eficacia. La calidad de los preceptos contenidos en el Bushido obedece a su carácter a la vez simple, pragmático e intemporal. Acuñada con el sello del sentido común, del empirismo y de la prudencia, se trata de una antigua moneda que conserva todo su valor, y a la cual los hombres de negocios japoneses continúan sacando partido en el ejercicio de sus actividades y, sobre todo, en la elaboración de sus estrategias.

La ambición de este *Breviario del hombre de acción* no es sino proponer un «Bushido occidental», un camino que pueda inspirar a todos aquéllos que hayan comprendido que una acción, para ser poderosa y duradera, debe ser preparada durante mucho tiempo, y por tanto meditada. Aquí hay una paradoja bien difícil de admitir, a saber: que el fulgor de una acción y su carácter irresistible son indisociables de la lenta maduración que la prepara. Muchos podrían encontrar en esta declaración la causa de fracasos a priori inexplicables y también la verdadera razón de éxitos que no tienen nada de fortuitos.

«Todo acto es plegaria si es entrega de uno mismo». Con esta reflexión, Saint-Exupéry nos incita también a pensar que la acción, si está reflexionada y realizada en busca de un ideal, puede permitir al hombre alcanzar la otra parte de sí mismo y, de ese modo, dar un sentido a su vida.

FRANÇOIS GARAGNON

EL ARTE DE LA ACCIÓN

I

EL ARTE DE LA AUDACIA
Y DE LA EFICACIA

1

El primer secreto de la eficacia consiste en cultivar una auténtica repulsión por lo inacabado. Lo inacabado es un devorador de energía, un sableador de la eficacia. Aceptarlo pasivamente es como dar al enemigo la ocasión de infiltrarse en tus posiciones, de ganar terreno. Pronto, toda acción quedará paralizada.

2

Cada uno tiene su manera de ser eficaz. Sin embargo, hay un denominador común a los hombres eficaces: la aversión (hasta la obsesión) por lo inacabado, y su corolario: la satisfacción (hasta el gozo) por la acción consumada.

3

A este respecto, se reconoce inmediatamente a aquél que tiene el temple del hombre de acción: necesita pocos argumentos para ser operativo.

4

La primera de las reglas de vida es el querer ser.

5

El llegar hasta el final constituye una inmensa cualidad si es la expresión de la perseverancia decidida. Pero es un inmenso defecto si es la expresión de la obstinación caprichosa.

6

No hay que confundir perfeccionismo e insatisfacción permanente.

7

Ser eficaz no significa llegar siempre más lejos. Significa estar atento y vigilante al más mínimo recodo del camino, estar disponible a las llamadas de la vida (que llamamos oportunidades, ocasiones, azar, o incluso suerte). Así pues, ser eficaz es también saber dar marcha atrás, cambiar de ruta, tomar atajos si es necesario. El éxito no es cuestión de distancia o de proximidad, sino de avanzar.

8

El éxito no está al final del camino. Está en tu misma forma de actuar.

9

La pasión por lo excepcional puede atenazar a alguien hasta el punto de imantar sus condiciones.

10

Algunos hombres alcanzan el éxito porque tienen la íntima convicción de que no puede ser de otro modo. El éxito les llena totalmente. No hay el más mínimo intersticio por que cual pueda infiltrarse el fracaso. Esta orgullosa certeza se parece a la autosugestión. En todo caso, todo sucede como si el fracaso no pudiera hacer mella en ellos, como si estuvieran inmunizados contra todo germen negativo.

11

Triunfar es ante todo poseer íntimamente en uno mismo el sentimiento irreductible de que vamos a triunfar. El contexto exterior importa poco para quien posee la inexorable fuerza de su interior.

12

¿Quién te dice, si no tomaras como referencia las normas que te rodean, tus hábitos y las gratificaciones con las que se te paga, que no podrías ser diez veces, cien veces, mil veces más eficaz de lo que eres? La referencia a la norma es a menudo castradora.

13

Una idea puede ser una locura en sí misma. Pero lo es sobre todo porque es declarada como tal. Igualmente, ¿qué son las cosas imposibles, sino aquéllas que consideramos fuera de nuestro alcance, o fuera de las normas habituales?

14

Un hombre ya no es capaz de evolucionar, no tanto cuando alcanza sus propios límites, sino cuando oye decir a todos los que le rodean que es un hombre que ha triunfado.

15

El recurso a la gratificación social es el primer pecado del hombre de acción.

16

El deseo de gratificación social es a menudo más motivador que el dinero. El hombre todavía tiene más inclinación por el *parecer* que por el *tener*. ¿Y el *ser*? Eso es otra historia...

17

Y tú: ¿si tuvieras que elegir entre el poder y la gloria?

18

El deseo de conquistar no puede separarse del placer de afirmarse.

19

Deberíamos meditar más a menudo sobre el célebre lema de los alquimistas: «QUERER. SABER. OSAR. CALLAR».

20

De nada sirve decir «quiero» si no lo decimos en el buen momento.

21

La capacidad de anticipación puede ser útil. La capacidad de adaptación es siempre indispensable. Nunca se pueden prever todos los acontecimientos posibles. Pero uno debe poder adaptarse a todos los acontecimientos posibles.

22

La capacidad de adaptación es la regla de oro del hombre de acción. Quien posee su perfecto dominio está abocado al éxito. Ineludiblemente. Es apto para todas las metamorfosis. Se parece al fénix que renace de sus cenizas.

23

No puedes prever todas las situaciones. Pero ninguna de ellas debe sorprenderte.

24

Sé tan adaptable y tan móvil como el agua que se amolda a las formas del recipiente que la contiene, sea cual sea.

25

El hombre que triunfa es a menudo aquél que no ha dejado escapar las ocasiones. Y eso también se llama talento.

26

A propósito de las ocasiones, deberíamos pensar en los coches: los hay buenos y los hay malos. No hay que ver oportunidades por todas partes.

27

La vida no está organizada como una administración. No son formularios ya preparados que tienes la posibilidad de rellenar, sino jornadas inéditas.

28

Aquél que se pasa el tiempo sopesando los pros y los contras, queriendo prever todos los detalles, está paralizado frente a todo lo posible. Se ha criticado con demasiada frecuencia la audacia, y con demasiada frecuencia se han silenciado los efectos perversos de un exceso de prudencia —susceptible de impedir el más mínimo movimiento.

29

Bonaparte afirmaba que las personas que saben a dónde se dirigen no van lejos.

30

Una acción es un pensamiento a tamaño natural. Muchos prefieren conservarlo en estado de esbozo porque entonces es *prometedor.* Mientras que más tarde, no es necesariamente *lo prometido.*

31

En los negocios, una idea son algunos segundos de felicidad y muchos años de complicaciones que resolver si uno desea verdaderamente verla llegar a buen término. Muchos prefieren quedarse en los segundos de felicidad: nunca hacen nada. Pero ni siquiera así son felices.

32

Quien dice elegir dice sacrificar. Pues la elección elimina las alternativas y reduce el campo de lo posible.

Por ello es por lo que el soñador se muestra indeciso y se complace enumerando todas las hipótesis sin poderse decidir por ninguna de ellas.

El hombre de acción es ferozmente decidido: la hipótesis no es para él más que una forma de acceder a la solución.

33

«*Nunca se es demasiado prudente*», preconiza la sabiduría popular. El consejo es saludable, pero fuente de confusión: en efecto, se puede igualmente pecar por exceso de prudencia que por temeridad. La prudencia reviste incluso a veces un carácter tan obsesivo en algunos individuos, que en su nombre, la inacción termina pasando por virtud...

34

Maquiavelo aconsejaba a su príncipe: «*Más vale ser impetuoso que prudente*». Más vale efectivamente lamentarse de haber hecho demasiado que de no haber hecho bastante.

35

Las personas realistas no intentan jamás lo imposible.

36

Si corres riesgos puede ser que caigas más bajo. Pero puede ser también que vayas más lejos.

37

Es conveniente partir como ganador o no partir en absoluto.

38

La disponibilidad y la exigencia son las dos virtudes del hombre colocado en situación de oportunidad.

39

No actuar es con frecuencia no osar.

40

El hombre que no ha actuado cuando era el momento de actuar no encontrará jamás otra excusa que aquélla que él se invente.

41

Aquél que elude la acción encuentra excusas.
Aquél que se consagra a la acción encuentra medios.

42

Más vale arriesgarlo todo que pecar por omisión.

43

Uno siempre es fuerte para hacer aquello que verdaderamente desea.

44

El impulso constituye una fuerza irresistible cuando está totalmente dirigido hacia una meta presentida.

45

La acción es el único medio de expresar el impulso vital.

46

Tener sentido de los negocios es tener sentido del desafío.

47

La inteligencia del hombre de acción es el instinto.

48

Sólo aquél que sabe actuar en el *relámpago* del instante es capaz —nunca mejor dicho— de un triunfo *fulminante.*

49

El instinto —lo que los ingleses llaman *feeling*— cuando está sabiamente dominado es siempre poderoso allí donde la inteligencia es impotente.

50

Si necesitas una coartada, no harás nunca nada. Actua primero: ya habrá después tiempo de buscar coartadas.

51

La acción, muy a menudo, nace de una idea que sentimos confusamente. Para justificarnos y sentirnos seguros buscamos de forma retrospectiva móviles concretos y motivaciones claras para nuestra conducta.

52

Actuamos con mucha más frecuencia en función de lo que sentimos que en función de lo que pensamos. Aunque no nos atrevamos a reconocerlo.

53

Si no existiera la inconsciencia, el hombre de acción evolucionaría con un paso extrañamente similar al de un caracol, y la más mínima brizna de hierba sería para él un pretexto para detenerse en su trayecto.

54

La acción eficaz es siempre sobria y mesurada, aunque pueda tener los aspectos impulsivos de la audacia.

55

No confundas acción eficaz y activismo febril. El movimiento acompaña necesariamente a la acción: pero no hay que confundir la sombra con la presa.

56

La acción por la acción es el movimiento desordenado de los débiles, la excusa de los pequeños que piensan crecer agitándose.

57

Para todo problema existe al menos una solución.

58

Ver los acontecimientos de una cierta forma es indirectamente contribuir a provocarlos de una cierta forma.

59

Lo que llamamos una «serie de calamidades» no es nunca más que una forma fatalista de considerar los acontecimientos. Dar crédito a la hipótesis de la «serie negra» es contabilizar los acontecimientos negativos. Ahora bien, la vida no es ni una suma ni una resta. Es un resultado.

60

Ciertamente, los acontecimientos se encadenan. Pero siempre es lícito no dejarse encadenar por los acontecimientos. De vez en cuando te hará falta, sin embargo, mucho valor, empezando por el de no ser comprendido por los que te rodean.

61

La irresolución es un pensamiento fraudulento para un hombre de acción.

62

Cuando la duda se instala, la acción es incierta.

63

El fracaso se anuncia primero por una claudicación interior. Así es como un individuo firma siempre su fracaso.

64

Los fracasos inexplicables no existen. No es más que una impresión del espíritu.

65

Empezamos a envejecer el día en que, por primera vez, nos sentimos invadidos por un sentimiento de impotencia que neutraliza toda idea de desafío.

66

Las ideas pertenecen a aquéllos que las ponen en práctica. Si de 100 hombres que tengan simultáneamente la misma idea, sólo uno la pone en práctica, su parte no queda reducida a la centésima parte: es el 100%.

67

El móvil de acción más movilizador es el instinto de conservación.

68

La voluntad es necesaria, pero no hay que atribuirle virtudes excesivas: no te permitirá nunca alcanzar aquello que no te estaba destinado. En un momento determinado, el abandono es una fuerza mayor que la voluntad.

69

Todo se compra a condición de ponerle un precio. Ésta es una regla material. Olvídala rápido cuando se trate de sentimientos o de fidelidad.

70

No siempre hacemos aquello que deseamos. Pero debemos desear siempre aquello que hacemos. Es la regla de la eficacia... y de la plenitud.

71

La acción es a menudo una prueba, una demostración. Aquéllos que destacan en su domino la expresan como una fuerza de compensación. Sin saberlo forzosamente, o sin quererlo reconocer...

72

La acción es a menudo una reacción. A una experiencia personal profundamente sentida, a un desafío, a un acontecimiento. Estaría menos cortejada sin esta virtud compensatoria.

73

La acción raramente es inédita: es con frecuencia una repetición, una imitación de sí misma. Sacamos nuestra forma de actuar de nuestro registro de experiencias. Intentamos reproducir el esquema de aquello que nos ha conducido al éxito. De lo que nos ha llevado al fracaso nos apartamos automáticamente: como el niño que desconfía del fuego después de haberse quemado con él.

No inventamos nada en nuestra forma de actuar. Progresamos a tientas y por analogías sucesivas.

74

El verdadero conquistador no es aquél que festeja su victoria con gritos y clamores. Es aquél que se pregunta: «¿Y ahora?»...

75

Al hombre de acción le gusta batirse. Como si obtuviera de ese combate su razón para vivir y para esperar.

76

Toda acción es una elección entre todos los actos posibles. Si eres un hombre libre y responsable, te consagrarás prioritariamente a aquello que te parezca que merece la pena realizarse.

77

La mayoría de los hombres hacen aquello que se les exige pensando en aquello que siempre han querido hacer.

Algunos hacen aquello que siempre han querido hacer pensando en todo lo que les queda por hacer.

Tal es la diferencia entre el individuo social y el hombre libre.

78

El hombre encuentra en la acción motivos de esperanza y motivos de angustia. Exactamente igual que en la meditación. Pero por la misma razón, se dirá del hombre de acción que está *con los pies en la tierra* y del hombre de meditación que está *en las nubes...*

79

El móvil de acción del pobre es el instinto de supervivencia.

El móvil de acción del rico es el instinto de dominación.

80

Nos vemos más a menudo desbordados por el flujo tumultuoso de los acontecimientos o por el torrente del mundo exterior, que por un exceso de vida interior. Éste es el drama del hombre moderno.

81

En la calle del éxito está por todas partes esta señal: «Prohibido aparcar»...

82

Para algunos, las contrariedades son un pretexto para el desánimo. Para otros, son un estímulo para superarse.

83

Las situaciones desesperadas traen soluciones de esperanza. Ésta es una bella paradoja en la que deberíamos meditar con más frecuencia cuando el abatimiento nos aceche...

84

Si quieres asegurar la legitimidad, el éxito y el alcance de tu audacia, no podrás ahorrarte ni las dificultades, ni las hostilidades, ni las largas reflexiones preparatorias.

85

El valor no es la ausencia de prudencia.

86

La audacia no es la inconsciencia, sino la agilidad, la prontitud y el desahogo del espíritu en un campo de consciencia cada vez más grande.

87

La audacia debe ser, si puede decirse, inconsciencia calculada.

88

Un paracaidista es audaz. Pero no salta jamás sin paracaídas...

89

Arriesgarse es saber atreverse a propósito.

90

Un inconsciente es generalmente alguien que no piensa lo que hace. Pero puede ser también ese señor que podrá decir un día: «Yo no sabía que era imposible, así que lo hice»...

91

«*Nada reemplaza a los años de experiencia*», solemos afirmar. Ésta es una regla de sabiduría decretada perentoriamente por los ancianos deseosos de preservar una experiencia y de escapar de toda amenaza. Pero la vida es renovación perpetua e invención permanente.

Una cosa reemplaza a los años de experiencia: la pasión decidida.

92

Es una necedad creer que las personas que tienen más experiencia valen más que tú. La experiencia no le ha dado jamás talento a un imbécil. Más vale ser brote joven que árbol torcido...

93

No te aferres demasiado a lo que fue. No te aferres demasiado a lo que podría suceder. Los recuerdos y las esperanzas no son la realidad presente.

Aférrate sobre todo a lo que es.

94

Un ganador es aquél que se aferra al mejor resultado sabiendo prever la hipótesis de lo peor.

95

Un negocio es una idea, habilidad y energía.

96

Lo difícil no es la gestación de un proyecto, sino su alumbramiento.

97

El hombre de acción más eficaz es aquél que es a la vez emotivo y cerebral. Pues dispone en dosis iguales de intuición y razón.

98

Una gran acción es un sueño que la realidad le roba a la imaginación.

99

La imaginación es la que da impulso a un proyecto, cuerpo a la esperanza, peso al presente, dimensión al futuro.

La imaginación permite a la inteligencia retrasar las fronteras de lo posible, al corazón recuperar fuerzas, al alma inscribirse en el espacio y en el tiempo.

100

Es con la imaginación con lo que los hombres inventan los peores males. También es con la imaginación con lo que los hombres inventan grandes cosas. La misma arma, a la vez conquistadora y destructora.

101

Nuestra acción está más gobernada por la imaginación que por la voluntad. Queremos aquello que somos capaces de imaginar.

102

La imaginación sólo se desgasta si no se utiliza.

103

La creatividad nació un día de la uniformidad.

104

La creatividad es ante todo la facultad de *concretar lo abstracto*, de explorar lo inédito y lo tácito, de ampliar el campo del futuro.

Es también la convicción de que todo problema tiene al menos una solución.

Es finalmente el sentido de la especulación intelectual, asociado a la pasión del descubrimiento y al placer por lo cumplido.

105

El hecho mismo de *buscar* una solución supone que esa solución existe en alguna parte.

No inventamos nada, descubrimos.

106

Hablamos de «ideas en el aire». Es la prueba de que hay que saber cogerlas al vuelo...

107

Aquéllos que afirman no haber conocido nunca el fracaso son unos mentirosos, unos amnésicos, o personas que no se han quedado más que en la superficie de las cosas.

108

El éxito está cruzando la calle. Pero la circulación de los acontecimientos es tan densa que probablemente necesitarás toda una vida para hacerlo. Quizás también, por despecho, terminarás quedándote en la misma acera.

109

Tradicionalmente, el intelectual siente un cierto desprecio por el hombre de acción —que es recíproco. Mientras percibas una dualidad entre pensamiento y acción no estarás en condiciones de medirte con la realidad en toda su dimensión.

Sin una meditación de la acción, la audacia no es más que un impulso suicida.

110

Estudiando todos los manuales del saber podemos convertirnos en sabios. Pero no en genios. De hecho, el genio es un autodidacta que realiza lo imposible porque nadie le ha enseñado nunca que era imposible...

111

Estamos limitados, no a los vastos dominios de lo posible, sino al espacio de nuestro fuero interno.

112

Nuestros actos son elegidos dentro del repertorio de posibilidades que tenemos.

113

Hay que creer en el poder dinamizador de los sueños. Y no hundirse en las promesas emolientes de la divagación.

114

Grandes sueños pueden convertirse en grandes realidades. A condición de experimentarlos como una sed vital en el desierto de lo cotidiano y de la banalidad.

115

Los que triunfan no son los soñadores tranquilos, sino los soñadores puros y duros.

116

Cuando el entusiasmo saca su energía de la fe, siempre da frutos.

117

Uno ha de saber abrazar su destino. Ese insignificante momento en el que la nada puede convertirse en algo. Para lo mejor. Y también para lo peor.

118

Una jornada no son más que 86.400 segundos. Tampoco hay nada de excepcional en emplear todo ese tiempo en realizar miles de cosas...

119

Sin meta, una voluntad no tiene razón de ser: ¿sobre qué se manifestará?

120

Las certezas no son suficientes. Hay que formalizar la voluntad, ultimar las fuerzas. Ser fecundo, crear. Es la apuesta de nuestra razón de ser.

121

Una esperanza dirigida hacia el porvenir es toda la riqueza de un ser en alerta.

122

De nada sirve poder si no actuamos.
De nada sirve actuar si no podemos.
Triunfar exige a la vez audacia y prudencia.

123

El mayor pecado es dudar de la vida.

La mayor fe es confiar en la vida.

Dudar de uno mismo puede ser una prueba de humildad. Dudar de la vida es siempre una negación.

124

La audacia consiste en no tenerle miedo a nada: ni a los demás, ni a los acontecimientos adversos, ni a la acción propiamente dicha, ni a sus consecuencias. Y no tenerle miedo a nada es, en el fondo, tener una gran confianza en la vida.

125

Según Heráclito, «el temperamento de un hombre es su destino». Lo que viene a querer decir que carecer de destino es carecer de temperamento.

126

—*¿Por qué?* pregunta el que ve la vida tal y como es.

—*¿Por qué no?* dice el que ve la vida tal y como él la sueña...

127

Muchos hombres envían mensajes a la suerte y se sienten contrariados ante esta respuesta: «No vive en la dirección indicada».

La suerte no reside nunca donde nosotros creemos. No es sedentaria, sino nómada. Por ello es por lo que, para esperar encontrarla, hay que estar siempre en marcha.

128

No basta con poder, hay que querer;
No basta con querer, hay que osar;
No basta con osar, hay que hacer;
No basta con hacer, hay que triunfar;
No basta con triunfar, hay que durar.

129

El pragmatismo es la inteligencia del hombre de acción.

130

Desde que el hombre existe, se ve inducido, frente a la acción, a elegir entre dos preguntas: «*¿Por qué no?*» y «*¿De qué sirve?*». La elección, siempre, entre desafío y fatalismo, entre fe y escepticismo...

131

El triunfo se escribe también con tres «T»: Talento, Trabajo y Tiempo.

132

La acción es también un juego de sociedad. No olvides que en los juegos de cartas, los triunfos se llaman también *paciencias* (1)...

133

Si tu acción es ordenada y se parece a un ceremonial que obedece a una ética: aunque no alcances tu meta, eres un ganador en potencia.

Si tu acción es aleatoria y si te parece bien no respetar ni ritmos ni ritos: incluso si alcanzas tu meta por una feliz casualidad, eres virtualmente un perdedor.

Esta regla es difícil de comprender, pero es una de las más esenciales, precisamente porque atañe a la esencia misma de la acción.

---

(1) En francés a los juegos de cartas llamados «solitarios» se les denomina también *réussites* (triunfos) y *patiences* (paciencias). [*Nota del trad.*]

134

En todo lugar y en todo tiempo, hay para mí dos categorías de personas:

— las que se aferran a los obstáculos a superar: éstas están limitadas por la psicosis del fracaso;

— las que se aferran al sueño a alcanzar: éstas están movidas por la dinámica del éxito.

Un 1% de probabilidades de éxito ha bastado a algunos hombres para arriesgar sus vidas. Los demás no ven más que el 99% de probabilidades de fracaso...

135

No tengas miedo a morir. No tengas miedo a sufrir. Teme solamente no vivir lo suficiente. No osar lo suficiente. Osar arriesgarte.

136

Cada día que Dios te dé, NO TE OLVIDES DE CREER NI DE OSAR.

II

EL ARTE DE VENCER

137

Para sentir que existe, el hombre necesita resistencias que vencer, conflictos que resolver, soluciones inesperadas, combates que sostener, victorias que conquistar. Es esta necesidad esencial, esta necesidad de provocar las situaciones, de medirse con el acontecimiento, de enfrentarse con la realidad, lo que hace de él un hombre de acción.

138

¿A qué se parece la acción? A tres miradas: penetrante, intensa, luminosa.

¿A qué corresponden esas miradas? Al hombre que explora, lucha y gana. Un poco como un aventurero en la jungla.

139

En materia de sentimientos se puede decir que *es la intención lo que cuenta*. Pero en la acción sólo cuenta el resultado.

140

La acción se nutre de la miel del orgullo libada de las flores de la capacidad.

141

Si encaras un combate sin preparación, estarás inquieto, dudoso, poco seguro en tu proceder, en tus movimientos y en tus iniciativas. La única manera de interpretar perfectamente tu papel es repasarlo con antelación.

142

Ir al combate sin preparación es como lanzarse al vacío sin saber utilizar un paracaídas.

143

Hay reflejos de animal de rapiña en la manera de proceder de un hombre de acción. Debe estar en el lugar adecuado en el momento adecuado.

144

Las leyes naturales nos enseñan que un rapaz es tácitamente propietario de un territorio delimitado formado por una cierta población de roedores. Si aparece otro rapaz, se disputan el territorio, pero no pueden cohabitar: para que el equilibrio natural sea preservado, uno de ellos deberá ser cazado o muerto.

145

El conquistador no se aferra tanto al éxito como a la grande, a la última victoria. El resto no es más que vanidad provisional.

146

No sirve de nada galopar en cabeza si dejamos que nos adelanten en la línea de llegada...

147

La repetición de un acontecimiento no es jamás fortuita.

Si se trata de un éxito, despliega tu audacia como un arco.

Si se trata de un fracaso, despliega tu prudencia como un paracaídas.

148

Si tienes fe, verás a través de cualquier acontecimiento un designio de Dios que será bien un estímulo o bien una advertencia.

149

Si no quieres que te coja desprevenido, considera la hipótesis de lo peor. A condición de no dejarte invadir por ella.

150

Dos individuos dotados de las mismas oportunidades no son por ello iguales: el que tendrá más éxito, el que llegará más lejos, es aquél que tenga mayor capacidad de entusiasmo. El que tenga tanta presencia de esperanza como presencia de espíritu.

151

El éxito no está al alcance de aquél que *sabe más*, sino a aquél que *cree más en él*.

152

Más vale tener el orgullo del éxito que la vergüenza del fracaso.

153

El hombre que ha triunfado verdaderamente es aquél que ha sabido encontrar el punto justo de armonía entre saber y acción.

154

Para juzgar la capacidad de un adversario, tan importante es tener en cuenta la moral de sus tropas como los medios de los que dispone.

155

No te fíes de lo que te enseñe o te diga tu adversario. No esperes palabras de honor, sino faroles. Acostúmbrate a adivinar sus pensamientos y sus intenciones igual que se lee entre líneas. El día que domines este ejercicio sabrás más de él que él mismo. Entonces, lo someterás fácilmente, y tu poder le inquietará durante mucho tiempo, pues te habrás convertido en descifrador de lo invisible...

156

El táctico hábil es aquél que sabe guardar su misterio, incluso a plena luz.

157

Si eres un buen táctico, te preocuparás de transformar las relaciones de fuerza en relaciones de sentimientos. Pues es por el factor moral por el que doblegarás a tu adversario, aunque él sea mucho más poderoso que tú.

158

La confianza en uno mismo es la fuerza más grande. Para sustraérsela a tu adversario, contamínalo de dudas, haz nacer una tensión, aléjalo de las trayectorias que haya previsto. Cuando esté bien desconcertado, sus golpes ya no tendrán alcance, perderá el equilibrio. Y tú conseguirás la victoria sin combatir.

159

No son los triunfos los que hacen a un buen jugador, sino su dominio del juego, sean cuales sean las cartas de que disponga.

160

La inteligencia de la táctica es manejar las tropas del adversario como si se tratara de las propias tropas.

161

Conseguir la victoria no significa someter al adversario, sino más bien destruir en él toda huella de combatividad o de revanchismo. Si no, se tratará de una guerra sin fin y de una escalada de la violencia. La Historia todavía resuena con estas guerras hereditarias.

162

Cuando una victoria se logra con un esfuerzo violento ya no se vuelve a producir...

163

Si estás seguro de estar en el buen camino, no temas los recodos del sendero, las zarzas que lo invaden en algunos lugares, los abismos que bordees, los obstáculos que te hacen tropezar y hacen más lenta tu ascensión. Sobre todo, no temas caminar solo por ese sendero, pues si estás solo es que es difícil. Y es por los senderos difíciles por donde podemos ganar altura y alcanzar las cimas más altas.

164

La mayoría de los hombres toman las piedras por montañas y el menor cambio de humor de un adversario por la cólera de Júpiter. Dramatizamos el tamaño o el alcance de los problemas sencillamente porque nos equivocamos de escala. Pero nada nos impide razonar nuestras emociones, a fin de considerar las cosas en su justa dimensión y de vivir en la realidad...

165

Contar con nuestra buena voluntad para triunfar: ¡tanto como querer subir al cielo con una escalera!

166

La buena voluntad no basta, la voluntad obstinada no basta, el talento no basta, ni la perspicacia, ni la audacia, ni las más altas cualidades o virtudes que emanan de uno. Todo ello es importante, pero hace falta un sentimiento superior indefinible, que pasa por el entusiasmo, el fervor, la fe, y que es una especie de correspondencia establecida con la parte oculta de las cosas. La parte invisible que nos sobrepasa y que hace que, hagamos lo que hagamos, las cosas no salgan nunca exactamente como las habíamos previsto, deseado o merecido...

167

La voluntad no hará de ti un héroe. Te dará armas para combatir. Nada más; pero eso ya es mucho.

168

No está prohibido pasar la noche en casa de la esperanza. A condición de no olvidar volver a ponerse en marcha por los caminos de la realidad en cuanto amanezca.

169

El hombre pesa por sus elecciones.

170

Un gesto, uno sólo, puede alterarlo todo. Pero es raro que seamos conscientes de ello en el momento. Es difícil distinguir la semilla que dará fruto de la que quedará estéril...

171

El éxito es el resultado de una decisión oportuna.

172

Ningún objetivo es accesible si no está claramente identificado. Ningún problema tiene solución si no está claramente enunciado.

173

Los que tienen suerte son aquéllos que han conseguido hacer del azar su cómplice.

174

Para ganar no hay más que un secreto: hay que partir como ganador y abrazar la suerte durante el camino.

175

El éxito puede ser sencillamente esto: el encuentro entre el azar y una pasión.

176

Las mejores ideas son las más simples... a condición de no ser simplistas.

177

Creer en algo diciéndose que no hay nada que perder no es un impulso sano. Una hermosa fe, un bello entusiasmo, es un compromiso. Un compromiso en el que existe riesgo.

178

Han declarado la guerra a mis nervios: se han batido bien...

179

Una crisis, un caso difícil o una situación límite pueden enaltecer a un individuo. O derribarlo. Es el raro caso en el que una misma causa puede producir efectos totalmente opuestos. Y a menudo imprevisibles.

180

No te dejes dominar por tus fracasos. Podría bien ser que fuera de ellos de donde sacaras tus recursos para triunfar.

181

Igual que un individuo que tiene que soportar pesadas cargas se vuelve resistente, un individuo habituado a abordar situaciones difíciles se vuelve inquebrantable.

182

Si lo imposible fuera declarado realizable, ya no interesaría más que al hombre vulgar. Cuando la conquista adquiere el sabor del agua, los conquistadores van a saciar su sed a otra parte.

183

Es más fácil matar a un elefante que a un mosquito.

184

A la voluntad le puede faltar el aliento si las circunstancias no le aportan las vitaminas necesarias.

185

El estancamiento es la antecámara de la regresión.

186

El agua que se estanca se corrompe.

187

Persistir es a veces ciego.
Aplazar es a veces razonable.
Abandonar es siempre lamentable.

188

El interés mueve el mundo, domina las relaciones y provoca los conflictos.

189

Hay que rodear un problema como se rodea a un enemigo. Es la única forma de *dominarlo.*

190

Para resolver un problema, primero hay que admitirlo, después doblegarlo, y finalmente deshacerse de él.

191

Hay que *darse* siempre, sean cuales sean las condiciones que conformen una situación. Damos forma a nuestro destino mediante la entrega de nosotros mismos y la sinceridad de la acción.

192

La esperanza es una pequeña llama milagrosa que, incluso en los días de tormenta, parece vacilar sin apagarse jamás.

193

Una cualidad, una sola, está en el origen de todos los éxitos: la capacidad de adaptación.

194

Actuamos de la misma forma que reaccionamos... Así, algunas personas ven el fracaso como un vacío a llenar; otras como un abismo que engulle...

195

Para un hombre en situación de fracaso no hay tentación más nociva y más embriagadora que la deliciosa amargura de creerse a la vez con talento e incomprendido.

196

¡Poco importan las derrotas si se gana la guerra!

197

No es la montaña la que es alta; es la cuerda la que es demasiado corta. Antes de partir al asalto de las cimas, hay que estar en condiciones de *asegurar* —en el sentido montañero del término.

198

Cuanto más en contra tuya estén las circunstancias, mayor será tu fuerza interior.

199

Preocúpate de la batalla y no de la victoria, del sentido de la marcha y no de la meta, pues sólo a través de una llegarás a la otra.

200

El General de Gaulle juzgaba a los hombres por tres características: la imaginación, el instinto y el valor.

201

¿De qué sirve la superioridad de pensamiento si no hay superioridad de acción?

202

La superioridad, cuanto más discreta, más salta a la vista.

203

Doble o nada. Se puede partir con un solo cartucho, a condición de volver con el conejo...

204

Servíos, pero servíos bien. Siempre quedará algo.

205

Las personas que hablan de sí mismas raramente son las mismas que aquellas que hacen que los demás hablen de ellas. Es más fácil hablar de uno mismo que hacer que hablen de uno.

206

La pasión por vivir va siempre precedida o seguida de la angustia de vivir.

207

Una acción, para ser acertada, debe ser la expresión del placer de vivir. No hay acción con éxito sin convicción, no hay convicción sin entusiasmo, y no hay entusiasmo sin fe.

208

No son los deseos los que hacen la grandeza del hombre, sino las metas que se propone.

209

Algunas veces sólo nos falta una cosa para triunfar: el sentimiento de que vamos a triunfar.

210

No hay que esperar a estar seguros de triunfar para actuar. Los griegos conquistaron Troya intentándolo.

211

La estrella de la gloria brilla más que las otras. Pero es una estrella fugaz.

212

No son las condiciones exteriores las que fundamentan el éxito, sino la certeza orgullosa. Podemos ir *muy lejos* cuando sentimos el éxito *muy cerca...*

213

El que habla demasiado de lo que va a hacer se embriaga de sus propias palabras y ya no le quedan fuerzas para hacerlo. Por eso los grandes estrategas no hablan nunca de sus grandes proyectos: se contentan con realizarlos...

214

El destino tiene en común con el amor que no se fuerza: se realiza. Y es una gran ilusión pensar que la voluntad es todopoderosa en este juego de azar y de circunstancias.

215

Cuando deseamos lo mejor, pero imaginamos lo peor, es lo peor lo que gana. Frente a la voluntad, la imaginación tiene siempre la última palabra.

216

La voluntad y el deseo pueden ser una esclavitud si buscan la posesión, una libertad si buscan la realización mediante la entrega de uno mismo.

217

Están todos ésos que hablan de lo que habría que hacer.

Están todos ésos que hablan de lo que hubiera habido que hacer.

Están todos ésos que hablan de lo que harían si dependiera sólo de ellos.

Y después está el que no habla y hace lo que ha decidido hacer.

218

Las nociones de éxito y de mérito tienen de ambiguo el hecho de que los criterios que las fundamentan son altamente aleatorios: ¿se debe juzgar a un individuo por lo que ha hecho, o por el espíritu que ha mostrado al hacerlo? Y si la intención más loable llega a resultados vanos, ¿cómo se debe juzgar a su autor?

219

Siempre encontrarás mil y un pretextos para quejarte. De la sociedad, de los que te rodean, de los acontecimientos.

Pero si eres sabio, encontrarás siempre al menos una buena razón para no desesperar nunca y para actuar serenamente. El resto no son más que palabras al viento.

220

El vértigo es el miedo al vacío. ¿De dónde viene entonces que el éxito produce vértigo?

221

El táctico hábil no es aquél que repite una estrategia con el pretexto de que ha tenido éxito en el pasado. Es aquél que es capaz de adaptar sus actos a la realidad del momento, a fin de seguir paso a paso y a cada instante la movilidad de la realidad.

La vida no es una repetición sistemática, sino una reconsideración permanente.

222

De forma general, el hombre podría perfectamente estar en condiciones de conseguir muchas cosas excepcionales si no tuviera confusamente en él esa obsesión por salirse de las normas.

Es verdad que el hombre que triunfa es muy a menudo un hombre solo, precisamente porque se sitúa *fuera de las normas* y porque su singularidad hace difícil su integración en el grupo.

223

El táctico hábil sabe ajustar el alcance de su ataque en función de la amplitud previsible de la respuesta. Conoce demasiado bien, en efecto, el efecto boomerang.

224

De nada te sirve dar un paso hacia adelante si das dos hacia atrás. Los jugadores conocen bien esta regla: es inútil conseguir una ventaja si ello le proporciona al adversario una ventaja aún mayor.

225

Hay que saber adaptarse a las circunstancias y no intentar hacer que éstas sean conformes a los planes y a las previsiones de uno.

Hay que procurar que la voluntad no sea una pataleta de niño mimado.

226

Hacerlo lo mejor que uno pueda, luego dejar que los detalles se ordenen por sí mismos. Así se traduce la ambivalencia del hombre de acción eficaz: perseguir obstinadamente, luego abandonar el campo.

227

La fuerza de un ejército no depende tanto de su poder disuasorio como de su poder de subversión. Hace veinticinco siglos Sun-Tzu afirmaba: «El arte de la guerra es someter al enemigo sin combate».

228

Para tener éxito no es necesario ser deshonesto —como pretenden los que fracasan. Si no, ¡la honradez sería un placer de masoquistas!

229

Un individuo hábil y perseverante puede acabar con un adversario considerablemente más fuerte mediante la táctica del hostigamiento.

Lo mismo pasa con el mosquito cuando ataca a un hombre diez mil veces más pesado que él...

230

La victoria es una conquista a la que le gustan, no los perdidamente enamorados sujetos a emoción, sino los pretendientes valerosos que desprecian todas las resistencias para conseguirla.

231

No dejes que te encierren en tal categoría o en tal otra. El que verdaderamente triunfa es el hombre sin etiqueta. Imprevisible. En todas partes a la vez. Nunca definitivo. Siempre en marcha.

Así transformarás tus fracasos en éxitos, pues lo importante no es tanto ganar tal o cual batalla, sino lograr la última victoria.

232

En todo acto, incluso gratuito, se oculta un deseo de sentirse seguro, en relación al universo, a la sociedad, al otro, a uno mismo.

233

Si quieres hacer caer a un enemigo, halágalo por lo que ha conseguido: terminará por no soñar más con conquistar.

234

Quien desea conquistar se vale de todo lo posible.

Quien ha conquistado está amenazado por todo lo posible.

235

Cuanto más conquista un hombre, más debe conquistar. Y por ello es por lo que un hombre de acción está consagrado a la acción. Y por ello un hombre cuya fortuna supera ampliamente sus necesidades no sueña más que con seguir enriqueciéndose. Gratuitamente, podría decirse, pues ese aumento de riqueza no le aportará nada más. Esto tiene una razón: cuanto más se conquista, más amenazado se está. Cuanto más alto se sube, más brutal puede ser la caída. Uno no puede sencillamente mantenerse. A un cierto nivel, está condenado a subir o a hundirse. Ya no hay un justo equilibrio.

236

El impacto psicológico de una acción ofensiva puede tener más efecto que la acción misma.

237

Un adversario desestabilizado es un hombre vencido. Basta con darle inmediatamente el último golpe.

238

El hombre de acción es un hombre a derribar. Sobre el campo de batalla muchos perecerán.

239

La mentalidad obsesiva del hombre de acción es ser el primero. Nunca lo es verdaderamente. Pero la competición que se inventa le permite mantener la ilusión.

240

Es más difícil dominar una acción que dominar a los demás. La vida es el adversario más correoso al que tendrás que enfrentarte. Porque es inestable, cambiante, y está en todas partes a la vez.

241

Reconocerás a tus amigos más fieles en aquéllos que se alegren sinceramente de tu éxito. Los otros se alegran, pero por cortesía: tus éxitos les molestan. Verás a algunos de ellos volverse agresivos, irónicos o distantes hacia ti.

La amistad implica un intercambio al mismo nivel, y algunos tienen miedo de no estar a la altura.

242

Más vale tener amigos antes de triunfar. No vaya a ser que después se tengan demasiados, y no lo suficientemente verdaderos.

243

Uno no fuerza su destino. Lo alcanza.

244

Lo que acumulas en este mundo te proporciona seguridad y bienestar. Pero no será nunca un medio de obtener confianza en ti mismo, ni siquiera de bienestar moral.

245

El estratega es tanto un hombre de inteligencia como de instinto. Tiene, si puede decirse, la inteligencia del instinto.

246

Contrariamente al artista, el hombre de acción no es irreemplazable. Sean cuales sean sus cualidades.

247

La acción es una confrontación permanente en la que el mínimo respiro puede ser fatal, y que obliga a estar permanentemente alerta.

En esto la psicología del hombre de acción está, curiosamente, bastante cercana a la del pasajero clandestino.

248

La vida del hombre de acción es una actividad de alta tensión. Debe utilizar bien esa energía para no electrocutarse.

249

El hombre de acción encuentra en la resistencia un estímulo. Hasta el punto de que puede preferir aceptar un desafío a perseguir algo que está en juego.

250

Para un vencedor, no hay inclinación más peligrosa que creer que todo está definitivamente ganado.

251

El sentimiento de seguridad y la búsqueda del bienestar son las preocupaciones del vencedor. Y ello es precisamente lo que constituye su debilidad y su vulnerabilidad en relación a todos los conquistadores posibles.

Por ello, el hombre que construirá mañana no es aquél que reposa sobre el imperio que ha construido o conquistado —como si se tratara de un sueño convertido en realidad. Es el jefe nómada para el que cada victoria es una simple transición y que, movido por una febril insatisfacción, corre de campaña en campaña, en busca de un sueño imposible.

252

Bienaventurados los que creen antes de haber visto.

La mayoría de los hombres se aventuran por algunos caminos tan tímidamente que el menor obstáculo les lleva a pensar que se han equivocado.

El hombre de acción avanza, sin forzosamente saber demasiado por qué. Una cosa sí sabe, sin embargo, y es que debe avanzar. No alcanza el éxito. Lleva el éxito en sí mismo. Irresistiblemente.

253

¿Son los sentimientos compatibles con la guerra?

Sí, y se trata incluso, si puede decirse, de las primeras armas. Las relaciones de fuerzas son en primer lugar relaciones de sentimientos. Incluso un bruto grosero, incluso un oportunista aparentemente sin escrúpulos, incluso un egocéntrico que parezca perfectamente indiferente, están dotados de sentimientos.

Basta con identificar el punto sensible de tu adversario para transformar sus fuerzas en debilidades y hacerle ceder en sus resoluciones o cerrarle el paso en su evolución.

Sé un punto de paso obligado, y será fiel.

No le sigas el juego, y se sentirá desfasado.

Elude todos sus ataques, y se desorientará.

Entérate de lo que tiene precio a sus ojos, aduéñate de ello, y estará a tu merced.

Ponlo en una situación delicada, límite, y sacarás a la luz al niño frágil que dormita dentro de él.

No te dejes arrastrar a su camino, sino empújalo hacia el tuyo.

Entonces, serás dueño de toda victoria, sea cual sea el tamaño y la fuerza de tu enemigo. Con la misma seguridad con la que el luchador aparentemente endeble doblega al coloso porque ha sabido identificar la minúscula fracción de segundo en la que todo se juega, el famoso *punto de no retorno*.

254

En un combate no es necesario el despliegue de una fuerza poderosa, sino la aplicación de una fuerza intensa *en el punto crucial en el que se juega la victoria*.

Todo el arte de la guerra, y todo el talento del hombre de acción, está en identificar ese punto crucial y concentrarse en él.

Igualmente, un combate no exige forzosamente el despliegue de una fuerza perseverante, sino la aplicación de una fuerza fulgurante *en el momento decisivo en el que se juega la victoria*.

Todo el arte de la guerra, y todo el talento del hombre de acción, está en identificar ese momento decisivo y no dejarlo escapar.

Si llegas a dominar el arte de descubrir el *punto crucial* y el *momento decisivo*, serás un señor de la guerra.

III

EL ARTE DE CONVENCER

255

El arte de vencer es también el arte de convencer.

256

Las mejores palabras pueden permitir evitar los peores males.

257

Hay algo más importante que un SÍ o un NO: la forma de decirlo.

258

En una negociación, es siempre oportuno conceder a nuestro interlocutor alguna ventaja, por mínima que sea. A veces no se trata más que de una pura conveniencia sin efecto sobre el fondo de las cosas, pero cuyo impacto psicológico es considerable.

Al final de una confrontación, no hay nada que produzca mayor satisfacción ni que sea más gratificante para un hombre que la impresión de haber dicho la última palabra.

259

Una palabra de más, un tono mal adaptado, un gesto impertinente, una acción inoportuna, pueden provocar desavenencias irreconciliables, guerras sin fin, resentimientos tenaces.

Una palabra, un día, puede destruir un equilibrio sutil que ha costado años conseguir. No olvides el poder de una palabra: puede galvanizar; pero puede también destruir.

260

Las convicciones fuertes son de una eficacia temible.

261

La comunicación es inestimable. Pero de la misma forma que el sueño puede degenerar en divagación, las palabras pueden degenerar en palabrería.

262

El hombre está hecho de tal forma que recuerda el 20% de lo que oye y el 80% de lo que dice. Si eres un hábil estratega haz que salga de su boca aquello que quieres hacerle oír...

263

Convencer a un hombre es emplear argumentos que habrían podido salir de su boca.

264

Recuerda, si quieres captar la atención de alguien, que no hay más que un tema, uno sólo, que le interese realmente y sin restricciones: él mismo.

265

Interesar a los demás es siempre en mayor o menor medida interesarse por ellos.

266

El hombre que más amigos tiene es aquél que mejor sabe valorar a los demás.

267

Un hombre de acción tiene el sentido de la conquista. Un seductor también.

Convencer es en primer lugar seducir. Todo sucede como si para hacer oír *razón* hubiera que decir *pasión*...

268

El hombre sabio es capaz de refutar la opinión de una persona que estima y de aceptar como verdadero el juicio de un adversario.

Pues el afecto es a menudo un prejuicio, mientras que la rivalidad despierta la atención.

269

La mayoría de los hombres se dedican más a saber quién tiene razón que a saber lo que es verdad. Ahora bien, la verdad no ha sido nunca una idea preconcebida.

270

Desconfía de aquéllos que destacan en el arte de atribuirse ciertos méritos. Existe una raza de personas que, con el pretexto de que un día presentaron el Sr. Royce al Sr. Rolls, no cesan de proclamar: «¡Rolls-Royce soy yo!»...

271

Ante una casa, el albañil estará seguro de que se trata de su obra; el arquitecto, también; el promotor, también. Y todos tendrán un poco de razón, sin estar por ello en posesión de la verdad.

272

La mayoría de los hombres se jactan de haber hecho cosas cuyo mérito no les pertenece más que en una parte ínfima.

273

Un pretexto fundamenta con más frecuencia los móviles de nuestras acciones que un hecho.

274

Las palabras son plataformas giratorias: su sentido varía en función del contexto. Por ello, lo que importa no es tanto su contenido como su oportunidad.

275

Insistir en el profesionalismo de uno por sus palabras es, a fin de cuentas, reconocer que no es suficientemente significativo por sus hechos.

276

La única manera que tiene un individuo de confirmar el valor de sus palabras, de sus pensamientos o de sus reflexiones de manera irrefutable es traducirlos en actos.

277

Algunos jefes están convencidos de que una vez que han hablado ya está todo hecho. Y no paran de quejarse de la lentitud de las cosas, pareciéndoles la acción misma una formalidad dejada en manos de incompetentes.

278

La mayoría de los hombres se interesan más por el fervor virtual que rodea la preparación de una acción que por el logro de la acción propiamente dicha.

279

Haz que hablen de ti, pero no demasiado. Lo suficiente para no ser olvidado o desposeído de tus méritos. Moderadamente para no irritar.

280

Si tienes a alguien en gran estima, obtendrás su fidelidad con más seguridad que por medio de cualquier otro compromiso jurídico o contractual.

281

El dinero es poder. Pero no es nada frente al Poder. A menos que tengas los medios para comprar este último a un precio considerable...

282

Está en la naturaleza humana aceptar perder mucho con la esperanza de ganar más. Desconfía de esta regla para ti. Tenla en cuenta para iluminarte sobre la psicología de los demás.

283

Puedes pedirle a un hombre que gaste mucho, siempre que sepas convencerle de que su gasto es una inversión.

284

Es bueno halagar a los enemigos. La vanidad adormece.

285

No hay nada más gratificante para un individuo que el sentimiento de tener o haber tenido razón. No dudes en darle la razón como se da una caricia: ronroneará.

286

Algunos dan consejos con aire, como decía Molière, «de tener ganas de deshacerse de su mercancía»...

287

La astucia no es siempre la mentira. Es sobre todo el medio de imponer con mayor seguridad la propia verdad.

288

Hay hombres que niegan que la realidad les quite la razón. Y que estarían dispuestos a refutar la presencia de la lluvia con el pretexto de que ellos habían previsto buen tiempo.

289

Podemos alterar los hechos, pero no la realidad. No impunemente, en todo caso.

290

La sanción de las cosas no es lo que habría podido ser: es lo que es y lo que puede llegar a ser.

291

Desconfiemos de esta común inclinación: creer siempre las críticas constructivas de uno mismo, sentir siempre intolerancia hacia aquéllas que provienen de los demás.

292

Muchos hombres piensan que la ausencia de espíritu crítico revela falta de personalidad. Y para demostrar que tienen de ésta en abundancia, se apresuran a hacer de toda discusión un motivo de crítica, de disputa o de polémica...

293

La crítica es, para aquéllos que no actúan, el medio más falaz de dar lecciones a aquéllos que actúan.

294

Victor Hugo habla de aquellas personas que serían capaces de hacer «la crítica del Himalaya piedra por piedra». Igualmente, guardémonos de tomar piedras por montañas.

295

Todo individuo tiene una necesidad terrible de sentirse seguro. Por ello dedicamos gran parte de nuestro tiempo a conquistar la opinión del prójimo.

296

Si quieres movilizar tus tropas y que sean fuertes y resueltas, recuérdales el objetivo a lograr de forma obsesiva.

297

La verdadera solidaridad excluye la reivindicación.

298

En nuestras sociedades individualistas, el hombre vota por sus propios intereses. Si sabes mostrarte preocupado por los intereses de los demás, y si eres convincente y creíble, serás elegido.

299

El intelectual puro es un pesador de ideas. Su balanza está a menudo en punto muerto porque, a semejanza de las leyes de las probabilidades, el pro y el contra repetidos un cierto número de veces se equilibran. El intelectual puro puede ser un excelente consejero, pero raramente es un hombre de acción.

300

La acción por la acción es una preocupación individual. Si quieres galvanizar a tus hombres, proponles un ideal. Aunque sea muy prosaico.

301

Las órdenes deben ser justas y estar justificadas. A falta de lo cual, corren el riesgo de provocar confusión, rebelión y desobediencia.

302

El ejemplo es infinitamente más eficaz que la exhortación.

303

Una promesa sólo tiene sentido si va acompañada de un compromiso.

304

Las promesas son semillas que con mucha frecuencia no prenden. Si quieres ver tu jardín florecer, cultiva semillas de certezas...

305

Un proverbio chino dice: «*Cuando un perro le ladra a una sombra, diez mil hacen de ella una realidad*». Así se explica el fenómeno del rumor.

306

Se desmiente un hecho concreto, no un rumor.

307

El hombre es aficionado a las anécdotas. Éstas constituyen para él las pequeñas golosinas de la realidad. Las ansía con un placer malicioso, allí donde están mejor disimuladas. Como los niños que se apoderan subrepticiamente de los tarros de mermelada que están en el fondo del armario.

Por el famoso e irreemplazable gusto por la clandestinidad...

308

La verdad no corre con tanta facilidad como los rumores.

309

No redactes tu credo partiendo de verdades dudosas.

310

Hay ideas recibidas e ideas vividas.

311

Nunca tenemos dos veces la ocasión de producir una primera impresión. Y tenemos mil veces la impresión de perder las oportunidades.

312

Algunos parecen deseosos de conseguir empleos por el solo placer de rellenar su biografía.

313

Actuamos menos según nuestras propias motivaciones que en función de la imagen que los demás tienen de nosotros, y a la cual aspiramos a acomodarnos para merecer su estima.

314

Los demás reaccionan en función de la imagen que uno proyecta de sí mismo.

315

Un hombre inspira tres tipos de estima: por lo que es, por lo que tiene, por lo que hace.

316

Sólo aquéllos que han triunfado pueden permitirse el esnobismo de la ociosidad o la vanidad del fracaso.

317

Por coquetería, el hombre que ha triunfado introduce en su biografía algunos trabajos menores o algún sombrío fracaso. ¡Elegante manera de mostrar los obstáculos franqueados!

318

Los hombres, cuando relatan su vida, toman unos atajos halagadores. Coquetería de Don Juan que quiere convencerse de que ha sabido cortejar a la suerte por su sola presencia, y no ganar sus favores al final de un fastidioso acercamiento.

319

Somos más sensibles a los favores del azar que a los frutos de nuestro mérito. El mérito no hace sino revalorizar, la *buena estrella* trasciende.

320

Un criminal sabe que su mejor coartada es denunciar a un inocente que no esté por encima de toda sospecha. Por ello es por lo que en una situación difícil hay hermandades fratricidas...

321

No hay nada más raro que un hombre que mantiene su palabra, sean cuales sean las circunstancias. Antaño se hablaba del amor propio: era la virtud del caballero. Era la época en la que se podía decir: *«la palabra de un hombre honesto vale un escrito»*.

322

Las ideas en el aire son como hojas muertas. Es al posarse cuando parecen pájaros.

323

Devolver una pregunta no ha sido nunca una forma de responderla. Sin embargo, es una técnica muy practicada.

324

La impertinencia de la pregunta hace la pertinencia de la respuesta.

325

En nuestras sociedades individualistas y materialistas, las relaciones humanas se resumen muy a menudo en relaciones de vanidad más o menos bien disimuladas o envueltas en pretextos nobles susceptibles de enmascarar un objeto mezquino.

326

Hay hombres que tienen el arte de enriquecerse de su «gratuidad». Haciendo pagar un día en moneda contante y sonante la inversión afectiva que han hecho en tal persona.

327

¿Qué es una colaboración, sino la libre circulación de ideas y una comunicación regular de doble sentido?

328

Un individuo no puede vivir sin vínculos. Necesita vínculos exclusivos, vínculos parciales y vínculos temporales.

329

Resulta difícil actuar mientras ignoremos lo que somos y de lo que somos portadores.

330

Sólo la implicación personal provoca la motivación.

331

Un hombre puede batirse hasta la muerte por dos cosas, dos cosas solamente: el instinto de conservación y el instinto de sublimación. Respondiendo así a la llamada del cuerpo y a la del espíritu.

332

«La esperanza hace vivir». No podría expresarse mejor. Pues la esperanza es como un cordón umbilical que nos une a la vida.

333

Prever la tormenta después de haber visto el claro no demuestra que estemos dotados de clarividencia.

334

Para el ciego, una linterna no sirve de nada. Para el hombre cegado, la regla es la misma.

335

El inconformismo es la puerilidad del adolescente
El conformismo es la puerilidad del adulto.

336

Pocos individuos son capaces de perseverar en una acción colectiva si no reciben elogios o ventajas personales.

337

Hay que reservarse los superlativos. Lo mejor no se alcanza nunca forzosamente. Lo peor tampoco, por otra parte.

338

Los elogios son al espíritu lo que los alimentos al cuerpo. ¡Pero atención a los excesos! Pues la vanidad es para el espíritu lo que la obesidad para el cuerpo: una enfermedad.

339

La sinceridad del nuevo rico es el monedero.

340

Conserva tus alianzas, amplía tu campo de influencia y nadie se atreverá a pisotearte.

341

Las relaciones son más fuertes que el dinero. Permiten un poder superior.

342

Hacer caer en la trampa a adversarios más grandes que uno, tal es la estrategia de la araña. Para los hombres esta estrategia consiste en *tejer una red de relaciones.*

343

Crear un ambiente es hacer que la corriente pase entre los asistentes. Como si de esa corriente tuviera que nacer una luz...

344

Un drama existe cuando se comienza a hablar de él. Las palabras, a veces, tienen el poder de dar peso y presencia a los hechos.

345

La fuerza de un grupo es su capacidad de trascender las voluntades individuales en una dinámica común.

346

Los verdaderos amigos son los mejores defensores. Los falsos amigos son los peores enemigos.

347

¡Cuántas cosas hacemos mal porque las hacemos con honradez, pero sin convicción!

348

La mayoría de los hombres *pagan* con *promesas vanas.*

349

Porque siempre llega a su destino, el mejor *medio de transporte* de las ideas es el boca en boca.

350

La mejor forma de difundir alrededor de uno mismo una idea, un parecer o una opinión, es revestirla de confidencia y presentarla en primicia a los curiosos y a los indiscretos. Éstos se encargarán bien rápido de hacerlos desfilar por el bulevar de la moda.

351

Hacer una confidencia es implícitamente solicitar una complicidad. Pero los hombres están tan poco dotados para conservar secretos que generalmente se produce una cadena de complicidades. La velocidad de propagación de boca en boca ha dejado siempre a los hombres de comunicación atónitos de admiración...

352

Para un hombre de comunicación no hay placer más delicado que emitir una opinión que se difunda y vérsela relatar un día por alguien que ignora su origen y que cree hacer una revelación...

353

Cuanto más confuso sea un rumor, mayor es su esperanza de vida. Una suposición, mientras no sea desmentida, hace las veces de hecho.

354

Lo que es asombrosamente singular en el fenómeno del rumor es que se nutre de su propia irrealidad. Y que su carácter poco plausible no amenaza jamás su verosimilitud.

355

El rumor es de ordinario tan apreciado que los hombres menos informados lo adornan de detalles cuyo refinamiento y profusión son caricaturescos de la capacidad de inventiva propia del ser humano.

356

El hombre está hecho de forma que es más sencillo retener su atención mediante el enunciado de demostraciones oscuras, de precisiones insólitas o de suposiciones fantasiosas, que con realidades simples o evidencias claras.

357

No hay *juicio* del que el hombre se convierta más ferozmente en defensor que el *prejuicio*.

358

La discusión es a veces movilizadora. Pero es con mayor frecuencia pretexto para justificación, inmovilismo, conflicto o para sentirse seguro de sí mismo.

Son muy raras las discusiones que preparen verdaderamente la acción.

359

Los hombres dedican más tiempo a hablar de su acción que a actuar realmente.

360

No es la autoridad la que fundamenta el valor de un jefe, sino mucho más: su carisma. El hecho de ser seguido de manera incondicional, incluso si sus subordinados ignoran sus objetivos exactos.

361

La fuerza de convicción de un individuo depende directamente de su capacidad de entusiasmo. El fervor es siempre contagioso.

362

Convencer a alguien es *ganar* su opinión. En justa compensación, la fuerza de convicción es una virtud de ganador...

363

Produce siempre más satisfacción ganar a alguien para una causa que imponer nuestros puntos de vista por medio de la autoridad o de la fuerza.

364

Cuando un nudo está demasiado enredado perdemos frecuentemente la paciencia, y cedemos con más frecuencia a la tentación de cortarlo que a la de desatarlo.

Lo mismo sucede con las relaciones humanas cuando son confusas.

365

Hay una verdad, escandalosa si se quiere, a saber: que un simple gesto, una simple palabra, que no requieren más que un instante, pueden cambiar completamente un destino y permitir desencadenar acontecimientos decisivos de forma más segura algunas veces que una voluntad paciente cuya perspicacia se mida en años.

IV

EL ARTE DE DIRIGIR

366

Querer fundar un grupo sin jefe es como querer hacer un arco sin clave de bóveda.

367

Si quieres gobernar a los hombres, dales motivos para que confíen en ti. Pero no olvides darles también confianza en sí mismos.

368

Saber mandar es saber motivar. La grandeza de un jefe procede en gran medida de su capacidad para inculcar un ideal y movilizar a sus hombres en la persecución de ese ideal, con valor, fervor y perseverancia.

369

Nadie puede dirigir hombres válidamente si no sabe dirigirse a sí mismo. El ejemplo es infinitamente superior a la orden.

370

El hombre superior vuelve la exigencia hacia sí mismo. El hombre incapaz la vuelve hacia los demás.

371

No es en modo alguno necesario conocer el mínimo detalle de una acción para hacerla ejecutar.

No se le pide a un jinete que se ponga en el lugar del caballo. Se espera de él que sepa llevar las riendas.

372

Lo propio de un buen jefe no es ser amado, sino ser respetado.

373

La firmeza es necesaria en el mandato, incluso en condiciones aleatorias. Porque si el jinete duda, el caballo se espanta.

374

Cuando un nudo está suelto, el vínculo se deshace. Lo mismo sucede con los hombres en sus relaciones.

375

No reproches a tus hombres que hayan faltado a su deber cuando tú no has sabido utilizar tu poder.

376

Entre los proyectos hay muchos abortos, falsos alumbramientos y nacidos muertos. Y entre aquéllos que sobreviven, muchos tienen un crecimiento difícil porque son confiados a malos educadores.

377

Un jefe debe saber adherirse al parecer de sus expertos, de sus ministros o de sus consejeros más cercanos. Pero si es verdaderamente un buen jefe, debe también saber decidir completamente solo.

378

Cuando varias fuentes de origen diferente se mezclan, el agua ya no es totalmente pura. Cuando dos jefes jerárquicamente iguales están en desacuerdo, las tropas se encuentran desamparadas y, sea cual sea el motivo del enfrentamiento, se desmovilizan, suspenden su acción y se disgregan.

379

Cuando un jefe es irresoluto, el ejército avanza a la desbandada. Igual que se dice de un caballo que ha perdido el ritmo, que lleva un galope desunido, cuando el jinete ya no domina la situación.

380

El grupo jerarquizado tiene a menudo un valor movilizador, dinámico, incluso galvanizador.

El grupo igualitario tiene a menudo una tendencia reivindicadora, demasiado complaciente en su seno, demasiado sectaria en el exterior.

381

La fiabilidad no depende más que de una cosa: del espíritu de dedicación. Ponlo a prueba y lo verás claro rápidamente.

382

Aquél que traiciona tu fidelidad es perjudicial. Elimínalo cuanto antes. Y no olvides arruinar su reputación, a fin de que ya no merezca ninguna fidelidad.

383

La mejor forma de no ser engañado es no engañarse.

384

Un buen jefe es aquél que, ante todo, sabe captar la imaginación para motivar. Un buen jefe habla en imágenes.

385

Nadie es más combativo y valeroso que un hombre en peligro.
Nadie es más cobarde y pasivo que un individuo harto.

386

Desconfiando demasiado de alguien es como lo convertimos en un rival. Una actitud exacerbada oficializa una situación. Así, el temor a flor de piel suscita el fracaso; la esperanza a flor de piel suscita el éxito.

387

No cuentes con aquél de quien desconfías.

388

Cuando abordes a alguien, no te preguntes sólo qué puedes esperar de él, sino también qué puedes aportarle. Porque si no estás en condiciones de aportarle algo, no tienes nada que esperar de él.

389

Sé indispensable para tu grupo. Pero sin exagerar.

390

No juzgues a alguien en función de sus éxitos pasados, sino en función de su potencial, incluso si no tienes la posibilidad de medir resultados tangibles. Pues un éxito se consigue en una ocasión puntual, mientras que un potencial es la semilla de talento que sólo tiene que germinar y dará un día frutos abundantes.

391

Apostamos a ganador sobre un hombre de la misma forma que sobre un caballo: eliminando aquéllos que piafan demasiado; eligiendo aquél que esconde un temperamento muy vivo bajo un aspecto tranquilo.

392

Cuando un hombre hable de sí mismo, escucha sobre todo sus silencios, y piensa que el iceberg está lejos de no ser más que la parte que aparece en la superficie.

393

Aprende a ver a los demás tal como son, y no tal y como te gustaría que fueran. Incluso aunque esta idea te ponga triste.

394

Si te niegas a ver a los demás tal como son, te es lícito verlos tal y como podrían ser. Pero necesitarás mucha paciencia, prudencia y perspicacia.

395

Nunca un hombre valeroso te estará más agradecido que por haberlo sobrestimado. Pues gracias a ti habrá aprendido a superarse.

396

La mayoría de los hombres son seguidores, no pioneros. Afirme lo que afirme la mayoría, los caminos trillados hacen siempre más adeptos que el hacer novillos.

397

El mayor poder es el de la sombra. Aquél que aparece a plena luz es semejante al soldado que avanza en terreno descubierto: se convierte en un blanco fácil.

398

El hombre más poderoso no es el que más posee. Es aquél que tiene el Poder.

399

Un hombre incapaz de tener una continuidad es un hombre desgraciado. Pero puede ser al mismo tiempo un estratega de talento.

400

Si eres conciliador con respecto a un subordinado exigiendo poco en contrapartida, terminarás por convertirlo en holgazán, vanidoso, vengativo y retorcido.

Esto también es válido para el educador con respecto al niño.

401

Un hombre puede superarse por cinco móviles: el amor, el dinero, el poder, la gloria, un ideal.

402

Es psicológicamente importante sobrestimar al enemigo con respecto a todo el mal que puede hacer. Y sobrestimar a un allegado con respecto a todo el bien que puede hacer.

403

El hombre más perjudicial es aquél cuya fidelidad se ha traicionado.

404

Aquél que aumenta su cortesía y tolerancia con respecto a ti después de que vuestras relaciones hayan sido muy tensas, es un hombre que ha tenido ideas de confrontación destructiva.

Nada más zalamero que un enemigo en potencia cuyos impulsos agresivos has neutralizado y que has sabido captar para tu causa.

Lo mismo se puede decir de la gallina que, como último recurso, adula al zorro...

405

Hay personas que dan a entender que Austerlitz no hubiera sido en absoluto una victoria tan brillante si ellos no hubieran estado allí.

Sobre Waterloo, por el contrario, silencio.

406

Hay una raza de personas, muy comúnmente extendida, que, sea cual sea el desarrollo de una situación, tienen una conclusión preparada: si todo sale bien, es gracias a ellos; si todo sale mal, es culpa de los demás.

No podría tratarse más que de una humorada. La desgracia es que, en el ánimo de esas personas, es una convicción.

407

El caballo irritado por la fusta tiene prisa por llegar a la cuadra y se ve apremiado a alcanzar más rápidamente la línea de meta.

El recuerdo de la recompensa y de la sanción es a veces el mejor de los estímulos. Es el principio, siempre válido, de la zanahoria y el palo.

408

Las escuelas para conducir automóviles son más numerosas que las escuelas para conducir hombres. La clientela de estas últimas es más limitada, es cierto...

409

Es injusto calumniar a aquél que ha fracasado, cuando no encontramos nada que censurar a aquél que ha renunciado.

410

Estamos más dispuestos a reprochar a alguien haber actuado mal que no haber actuado: el fracaso eclipsa el valor; la indiferencia eclipsa la cobardía.

411

Cuanto más fuerte es la opresión, más experimenta el que la sufre el deseo de sacudirse el yugo.

412

Para corregir a alguien, el desprecio silencioso es una sanción mucho más dura y duradera que la furia.

413

Ya en el patio del recreo te encuentras a esos tipos fuertes con brazos que impresionan a los demás y que estarían dispuestos a llorar por haber perdido una canica.

Esos mismos cabecillas en pantalón corto te los vuelves a encontrar más tarde con corbata. Son siempre los mismos: quieren impresionar porque son impresionables.

414

Si quieres saber lo que es la fidelidad incondicional, no busques entre los hombres: adopta un perro.

415

Un jefe puede no tener más que una sola cualidad, la de galvanizar a sus hombres. Con ella puede conseguirlo todo.

416

Se consigue mucho menos mediante la fuerza brutal que mediante la fidelidad ferviente.

417

Un ejército no es más poderoso porque sus hombres son más numerosos, sino porque sus hombres están más unidos.

418

Cuantas más abejas hay, más miel. A condición de que la colmena no esté en guerra en su interior...

419

Aquéllos que abordan la batalla unidos y con un objetivo concreto salen victoriosos.

Igualmente, es importante inculcar a tus hombres la solidaridad y la determinación; y corolariamente, debilitar al adversario dividiendo a sus tropas.

La confusión de los unos hace la victoria de aquéllos que les hacen frente.

420

No esperes de tus subordinados reacciones de adultos si tú los castigas como a niños.

421

Cuando los grandes tropiezan, los pequeños caen.

422

El alumno consciente de suscitar una estima halagadora se esfuerza por todos los medios para estar a la altura de las esperanzas que se han depositado en él.

Piensa en ello cuando se trate de motivar a tus hombres.

423

No es fustigando a un caballo mediocre como se hace de él un vencedor.

424

Procura emplear bien las aptitudes de tus hombres y no echarlas a perder. No se confían trabajos de labranza a un pura sangre...

425

No juzgues a un hombre por su oficio, sino por su mérito. Tendrás más probabilidades de estimarlo en su justo valor.

426

Lo difícil es hacer comprender a los hombres que se benefician de ella, que una ventaja o un privilegio no es un derecho, sino un favor.

427

El débil sobrevive gracias a la piedad que inspira. Algunos hacen de esta regla de solidaridad una táctica.

428

A la hora de invertir estarás solo. A la hora de los beneficios estarás muy acompañado. Y naturalmente aún más solo.

429

Cuanto más grande es un grupo, más vulnerable es. Pues su puesta en marcha y su capacidad de reacción son más lentas. Es lo que llamamos el *fenómeno de inercia.*

430

Si verdaderamente no puedes contar con los demás, más vale trabajar solo: al menos, no tendrás que realizar más trabajo que el tuyo.

431

Se pierde menos tiempo realizando una tarea uno mismo que dejando que otro la haga mal.

Pero puede resultar útil, para diversificar nuestra energía, dedicar mucho tiempo a enseñar a hacer correctamente el trabajo. Pues entonces el tiempo no se desperdicia, sino que se invierte.

432

Un hombre fiable es alguien que sería capaz de llegar a la hora acordada al lugar indicado para hacer honor a una cita fijada un año antes.

433

Ser un hombre público es un oficio. Un oficio curioso, por otra parte: el de un esclavo que se considera amo y que es reconocido como tal.

Es la paradoja del hombre que se pasea con su perro: ¿cuál de los dos está en el extremo de la correa?

434

No olvides que son los filósofos quienes preparan las revoluciones, y no los hombres de acción.

435

Ninguna acción puede durar en el tiempo si no está sostenida por una idea clara y fuerte.

436

Un buen consejero no está para dar respuestas, sino para hacer las verdaderas preguntas. El papel del jefe es elegir entre una serie de alternativas.

437

Los bárbaros que tienen jefes no valen lo que los humanistas que no los tienen.

438

La principal fuente de desigualdad entre los hombres es su capacidad vital. Es la única riqueza duradera, o la única pobreza redhibitoria.

439

Un hombre puede fácilmente aceptar abandonar algo, si estás en condiciones de ofrecerle una contrapartida. Olvidamos rápidamente aquello que reemplazamos.

440

No hay que sentir jamás una estima demasiado prematura y demasiado incondicional hacia personas que conocemos poco: ellas lo sienten y se aprovechan de ello.

441

Para comprender a las personas no hay nada como un poco de distancia.

442

El poder debe ser dispensado con equidad y parsimonia, si quieres prevenirte contra abusos lamentables. Recuerda esta observación de Tucídides, historiador griego: «Todo ser va hasta el límite del poder del que puede disponer».

443

En una situación difícil, las personas, en su inmensa mayoría, no son tan tenaces como parecen ser en un primer momento.

444

El individuo es muy sensible a su entorno: su estilo, e incluso su personalidad, pueden evolucionar considerablemente en función del contexto en el cual esté sumergido.

La inmersión social nos enseña a respirar de varias formas diferentes.

445

Llega un momento en el que no se puede salvar a las personas contra sí mismas. Sólo Dios puede hacerlo. Pero no siempre quiere, pues conoce la fuerza de los sufrimientos redentores.

446

La gran utopía de muchos humanistas es creer que nacionalizando el vicio privado éste se convertirá en virtud pública.

447

Muchos hombres no tienen la realidad de su apariencia. Igualmente, muchos hombres no tienen la dinámica de sus ideas.

448

Confiar ilimitadamente en un grupo limitado. Es el secreto de los buenos jefes.

449

Lo propio del autócrata es decidir él solo por unanimidad.

450

Cuando un jefe flaquea, sus hombres se vienen abajo.

451

Debes saber que los mejores son aquéllos de los que no se habla: los guerreros a la sombra.

452

El patrón no ve al buen obrero, ve la buena herramienta. Pero ¿debe la casa su belleza a la calidad de la llana?

453

Para que una pirámide tenga una cima, hace falta que tenga una base. Esto es cierto para toda organización en la que se trate de construir y de crecer.

454

Está muy claro que lo que hace feliz no es la prosperidad. Si no, los hombres prósperos dejarían de querer seguir acumulando riquezas y simplemente disfrutarían de la vida.

Está muy claro que la felicidad no es la meta última del hombre. Si no, evitaría todos los combates, en lugar de buscarlos, y se contentaría con su suerte sin intentar perseguir sueños que no se realizarán nunca.

Está muy claro que no es la libertad fundamental lo que busca el hombre. Si no, rechazaría todas las reglas que limitan su forma de ser, todos los vínculos que le obstaculizan y por los cuales, sorprendentemente, siente que existe.

Está muy claro que el hombre sería capaz de abandonar prosperidad, felicidad y libertad si se inventara para él un ideal superior que le permitiera, a cada instante, experimentar un engrandecimiento de su vida y sentir que su destino pesa verdaderamente.

455

El carácter de un hombre se juzga por su capacidad de resistencia a los acontecimientos adversos, por el grado de entusiasmo que mantiene, aunque tenga que hacer frente a reveses repetidos, a injusticias flagrantes, a oposiciones sistemáticas

456

La vanidad y el placer son los manjares favoritos de la mayoría de los hombres. Si tú les das estos platos, tenlo por seguro: ¡volverán a tu hostal!

457

No creas que la opinión que tú defiendes es necesariamente verdadera porque tú eres sincero. El que te contradice puede ser igual de sincero...

458

'Si el jefe aminora la velocidad, sus hombres se detienen. Los que siguen exageran siempre el movimiento de los que preceden. Si tú experimentas exaltación, tus hombres la transformarán en fanatismo. Si tú expresas dudas, tus hombres las transformarán en desánimo.

459

El hombre que más tiene que quejarse no es aquél a quien han suprimido los subsidios, sino aquél cuya esperanza han traicionado.

460

La incorruptibilidad y la infalibilidad no son del orden de lo humano. Esto no lo olvides nunca.

461

A menudo, no es la convicción lo que empuja al hombre a ir hasta el final de su decisión, sino la obstinación en la decisión tomada.

Así es como el error más burdo se engalana de un suntuoso manto de terciopelo que los hombres llaman orgullo.

462

El orgullo de los hombres es tal que prefieren persistir y firmar su error antes que echarse atrás en su decisión.

463

Si quieres asegurarte la lealtad y la regularidad de tus subordinados, exígeles informes frecuentes.

464

Muchos hombres tienen potenciales no explotados porque nadie exige nada de ellos, y sobre todo porque ellos no exigen nada de sí mismos.

465

El sentido de la iniciativa es una virtud de jefe y una cualidad rara.

La mayoría de los hombres no son pioneros, sino seguidores. No exijas de ellos que tengan la audacia de emprender. Si ejecutan con talento lo que tú les pidas, ya será mucho.

466

El talento es de ejecución. El genio es de invención.

467

A los jefes les gusta que sus subordinados tengan iniciativa. Moderadamente, sin embargo. Si no, se sienten amenazados en su propia posición de jefes.

468

El valor de una tropa no depende de su inteligencia, sino de su obediencia.

Lo que importa en un grupo es la cohesión, y no el ingenio de los individuos que lo componen.

469

No es el tamaño de un grupo lo que hace su fuerza, sino la solidaridad de los miembros que lo constituyen.

470

A menudo se habla de solidaridad cuando no se trata más que de la yuxtaposición momentánea de intereses individuales.

471

Cuando el TENER destrona al SER, ya no hay reino: es el culto a los ídolos y la dominación de los falsos dioses, que se convierten en déspotas.

472

No hay efecto sin causa. Este principio filosófico debería inspirar al hombre de acción, pues todo acto es un compromiso que implica su responsabilidad.

473

Para que los hombres se sientan realmente motivados, necesitan responsabilidades. O la impresión de tenerlas.

474

Un hombre es raramente eficaz cuando se trata de realizar una tarea.

En cambio, sí se muestra de buena gana afanoso cuando se trata de cumplir una misión.

Recuérdalo para motivar a tus hombres...

475

Nadie es más eficaz que aquél que se siente en posesión de una misión.

476

Para actuar de manera totalmente eficaz, hay que darse cuenta por uno mismo. Ningún informador, ningún consejero, puede dar cuenta de una realidad en su pura objetividad.

La caída de los imperios llega a menudo en el momento en el que los monarcas son apartados de la exacta realidad de los hechos.

477

Hay un hecho paradójico y absurdo, a saber: que los conflictos internos de un grupo pueden ser más violentos y más perjudiciales para los intereses de ese grupo que un combate llevado a cabo de forma unida por ese grupo contra un adversario exterior.

De forma que con mucha frecuencia, no son las guerras entre dos campamentos distintos las más amenazadoras y las más destructivas, sino las rivalidades solapadas.

Y por ello es mejor para un cuerpo sano ser herido durante un combate que ser atormentado desde el interior...

478

Un conductor de hombres tiene a la vez las cualidades del pastor que conduce el rebaño y del perro del pastor, que vuelve a llevar al buen camino a las ovejas descarriadas, a las disidentes, a las rebeldes y a las ovejas negras, para empujarlas a todas en la misma dirección.

Los políticos interpretan generalmente con mucho talento el papel del perro del pastor...

479

Cuanto más grande es un grupo, menos en condiciones están los individuos que lo componen de distinguir el alcance de sus propios actos. Este desfase con la realidad suscita indefectiblemente la desmovilización, la falta de iniciativa y el letargo de la responsabilidad.

480

Espera de los demás el mismo respeto que tú muestras por ellos. El respeto se construye sobre un principio de reciprocidad. El desprecio también, por otra parte...

481

Cuando un buen general dirige la batalla, sus tropas son fuertes. El valor de una tropa depende de la fuerza de carácter de quien la manda.

482

Un hombre no necesita forzosamente un móvil preciso para actuar: su objetivo puede cambiar a merced de los acontecimientos.

Pero una tropa, para estar motivada, necesita forzosamente objetivos.

483

Una orden, para ser eficaz, debe ser breve y rigurosa. Demasiados jefes parecen ignorar que es la confusión o la falta de energía de las órdenes notificadas lo que explica la mediocre ejecución de esas órdenes.

484

No es en los trasatlánticos donde se revelan los marineros valerosos, sino más bien en las balsas improvisadas.

485

Cuanto más enfrentado a la realidad se siente un hombre, más responsable se siente. Cuanto más responsable se siente, más eficaz es.

486

Si tus hombres son numerosos, reagrúpalos en pequeñas unidades y envíalos a la mar en embarcaciones ligeras.

Así aprenderán a llevar el timón, a luchar contra vientos y mareas, a batirse contra los tiburones y a inventar mil artimañas para franquear indefectiblemente cabos inaccesibles.

487

El sentimiento de responsabilidad es el único que permite escapar a la desesperación. Incluso en caso de fracaso.

488

La palabra de honor, el campo del honor, el pundonor, las cuestiones de honor: tantos conceptos con los que los hombres de antaño expresaban su búsqueda del ideal.

Pero el sentido del honor está hoy en día en trance de convertirse en un anacronismo: no esperes encontrar muchos caballeros en los negocios. Ni en otra parte, por lo demás.

489

Ningún grupo es más eficaz que aquél que está animado por un estado espiritual sano y movilizador. Pues no pondrá en ello sólo el espíritu, sino el corazón, la voluntad y toda su energía.

490

¿Qué motiva la acción duradera?

No es ni la ambición —que se dispersa— ni la voluntad —que se debilita— ni todos esos sentimientos e impulsos proyectados fogosamente como olas sobre la playa antes de que el mar se retire.

Entonces ¿qué?

Quizás la esperanza, pero una esperanza sin nombre, confusamente sentida y que basta, sin embargo, para perpetuar un movimiento y un impulso hacia algo que no conocemos.

V

EL ARTE DE CONDUCIRSE

491

Un buen jefe es aquél que sabe gobernar tanto a diez mil hombres como a un pequeño grupo de personas. O a una sola persona. Él mismo, por ejemplo.

492

El dominio de sí mismo es indispensable para el hombre de acción, porque todo conflicto es una especie de guerra de nervios.

Por ello podemos decir que para ser apto para la guerra antes hay que estar *apaciguado.*

493

Procura que tu acción tenga siempre apariencia de persecución y no de huida.

494

La ineficacia de nuestros actos se debe a la torpeza de nuestros esfuerzos.

495

Aquéllos que se dicen hombres de acción y que no piensan más que en construir un *perfil de carrera* son funcionarios que han malogrado su vocación.

496

No estés nunca contento de ti mismo. Es la regla del perfeccionismo.

· Estate siempre contento de tu suerte. Es la regla del éxito... y de la felicidad.

497

Conténtate con tu suerte, pero no contigo mismo. Es la mejor forma de estar alegre mientras progresas.

498

Cuando la situación en la que te encuentres alcance su desenlace, dite a ti mismo que ese desenlace es la consecuencia necesaria de tus actos.

499

Conozco a un hombre dotado de un optimismo incondicional y de un humor a toda prueba, y cuyo lema podría ser: *Cuando todo va bien, ¡piensa que podría ser peor! Cuando todo va mal, ¡piensa que la vida es así y conserva la sonrisa!*

500

En soledad se llega siempre más lejos.

Sumergido en el entorno social, el individuo termina por contentarse con una posición que le asegure el reconocimiento, la autoridad, incluso la notoriedad.

Cuando está solo, el individuo se encuentra ante un universo ilimitado.

501

Que aquél que te supere en algún punto no sea objeto de celos, de calumnia, de envidia o de reivindicación por tu parte, sino modelo a alabar o ejemplo a seguir.

502

Alégrate del éxito de tus semejantes como de una promesa cumplida.

503

Si sobrepasas a los demás de forma demasiado flagrante, te convertirás en un hombre a derribar.

504

La superioridad, cuando es demasiado manifiesta, es percibida por los demás como un flagrante delito. No te dejes sorprender si no quieres engendrar reflejos de exclusión.

505

Evita perder el tiempo y emplear tus fuerzas para quejarte, recriminar y vituperar.

Si una situación no te agrada, sólo tienes que hacer una cosa: esforzarte por cambiarla.

506

La peor de las tentaciones para el hombre de acción es la compasión de sí mismo: quitarle siempre la razón al acontecimiento, atribuirse todos los méritos y quejarse de una suerte pretendidamente injusta.

507

La mayoría de los hombres de acción son vanidosos y codiciosos.

Únicamente los hombres de meditación escapan a estos peligros.

508

La corrupción puede aportar mucho. Pero aquél que haga uso de ella debe saber que algún día no encontrará la serenidad en ninguna parte bajo el cielo.

509

Nunca se ha engrandecido un hombre rebajando a los demás.

510

Nada es chocante, excepto lo que los hombres hacen de su condición.

511

La referencia a la norma del grupo es el primer reflejo del individuo social. Esa es la razón de que un ser excepcional sea un individuo anormal.

512

La mayoría no siempre tiene razón —lejos está. Pero al individuo no le gusta encontrarse solo contra todos.

La solidaridad es más cómoda que la libertad.

513

Un carácter excesivo lo es siempre por compensación. Se trata para el individuo de una fuerza de regulación. Lo importante, por supuesto, es identificar lo que es compensado.

514

La acción no es para muchos más que un fervor virtual. Los hombres hacen más cosas para sentir que existen que para alcanzar una meta. A no ser que esa meta sea sentir que existen...

515

La confrontación agresiva no es otra cosa que la rabia de la impotencia.

516

La introspección sustituye con mucha frecuencia el acto mismo de actuar por el estudio de la acción.

517

Una conciencia en la que no haya lugar para el compromiso es una conciencia cancerosa.

518

Desconfía de la intrusión del subconsciente en tu comportamiento: él es quien inspira tus miedos irracionales, tus supersticiones, tus bloqueos.

519

Pretender que el mundo está mal hecho es una reflexión de perdedor, de frustrado o de celoso.

520

No les busques complicidades a tus debilidades: caerás en la facilidad —si no lo haces en la mediocridad. Busca más bien el juicio sin complacencia de aquéllos que desean tu bien.

521

No endurezcas tus exigencias más que contigo mismo. Esfuérzate por suavizar el resto.

522

Si tu mirada está demasiado cerca de las cosas, se volverá mezquina, limitada y puntillosa.

Si tu mirada está demasiado lejos de las cosas, se volverá indiferente, ciega, superficial o altiva.

523

Si te niegas a plegarte a la norma, tienes que aceptar asumir una buena parte de soledad. Esa soledad no te procurará forzosamente una felicidad apacible, pero será tu fuerza.

524

Nuestro comportamiento depende tanto de nuestras experiencias pasadas como de nuestro temperamento.

525

Nuestro humor es la lluvia y el buen tiempo de nuestro paisaje mental. Modificar ese clima no depende más que de nosotros. De nuestra manera de ver.

526

La mayoría de los hombres se sienten más tentados por el *más* que por el *mejor*.

527

Cuando un hombre de acción medita sobre su pasado, percibe, no sin sorpresa, que, aunque haya contribuido a ellos, él no está verdaderamente en el origen de sus mayores éxitos. No creamos el acontecimiento. Lo aprovechamos. Somos catalizadores, nada más.

528

Antes de lanzar un negocio, la primera pregunta que hay que hacerse es la siguiente: ¿vale más obtener el 10% de 100 o el 1% de 1000?

El resultado es aparentemente el mismo, pero la estrategia a adoptar es bien diferente...

529

Sólo el hombre libre es intocable. Si aceptas compromisos, concesiones o intrusiones exteriores, ya no eres un hombre libre...

530

Puede ser oportuno quedarse en la superficie de las cosas: se nada más fácilmente.

531

Cumplir con su obligación por placer, tal es la inclinación del hombre superior.

Si cumple con su obligación por obligación, pierde el placer del gozo.

Si no hace más que su capricho por placer, pierde el sentido de la vida.

532

Si el hombre no piensa lo que hace, le resulta imposible hacer lo que piensa. Un ideal sólo puede alcanzarse si está formulado.

533

El colmo de la lucidez es la irresolución. A fuerza de saber demasiadas cosas, ya no sabemos qué elegir.

534

En la adversidad, la agresividad constituye para el hombre civilizado un recurso parecido a los gritos del salvaje que se esfuerza por impresionar al adversario para que su ataque tenga más efecto.

535

Una persona emotiva es rápidamente descabalgada por la acción. La sangre fría es la primera cualidad del jinete.

536

En nuestra vida cotidiana ¿tenemos el valor de identificar aquéllos de nuestros actos que no son ni automatismos, ni hábitos, sino que son realmente creaciones?

537

Aquéllos que ganan mucho dinero no son forzosamente más conocidos.

538

Hay menos cosas complicadas que personas que las complican.

539

Qué atestados están todos los caminos que se supone llevan al éxito: los embotellamientos del deseo y la vía libre de lo concreto; los sentidos únicos y las direcciones prohibidas; el consumo de energía y el lleno de los sentidos; y luego el famoso choque frontal del sueño y la realidad...

540

Un optimista es alguien que tiene la facultad de no ver en sus fracasos más que reveses.

541

Carecer de entusiasmo es carecer de vida, es perder la vida.

542

Nuestro campo de libertad está limitado por un código de normalidad social y por una conciencia de pertenencia al grupo que está implícitamente convenido no transgredir, so pena de engendrar reflejos de exclusión.

543

Muchas de nuestras actitudes son comportamientos sociales. Adoptamos comportamientos conformes a lo que esperan los individuos presentes.

Es la fuente del conformismo.

544

La calidad de un ser se mide por la amplitud de sus esperanzas.

545

Nuestra forma de ser es el resultado provisional de nuestra experiencia.

546

Ser fatalista es esperar a que las cosas se decidan para decidirse...

547

Hay que aprender a cultivar la fuerza del abandono.

Experimentos científicos han demostrado que el miedo, la cólera, la ansiedad, no pueden ser experimentados por un individuo cuyos músculos del cuerpo estén perfectamente relajados.

Un espíritu sano pasa por un cuerpo sano.

548

Un individuo estresado tiene el gesto febril. Para eliminar el estrés, hay que restablecer el gesto seguro, mesurado, sereno.

549

La obstinación es una imitación fraudulenta de la perseverancia. Esta falsa moneda no te enriquecerá.

550

Cuando la imaginación y la voluntad entran en conflicto, la imaginación gana invariablemente.

551

Si quieres entrar en el camino de la sabiduría, aprende primero a adoptar una distancia felina con respecto a seres, acontecimientos y cosas.

552

Hay personas que tienen la facultad de manejar lo imprevisto, igual que otras tienen la de dominar el azar. De ellas se dice más tarde que han tenido *suerte.*

553

Hay que verbalizar severamente las angustias. Por no haber observado la prohibición de aparcar.

554

Todo hombre de voluntad debería estar satisfecho de su suerte; como Stendhal, que expresaba su alegría por tener la oportunidad de hacer de su pasión un oficio.

555

Algunos son tan susceptibles que les resulta difícil distinguir entre un cohete con mecha y la bomba atómica...

556

Una buena forma de no decepcionarse es no esperar nada. Pero no es una receta para la vida.

557

La mejor forma de evolucionar consiste en lanzarse perpetuos desafíos interiores. Pues uno no progresa verdaderamente más que con relación a sí mismo.

558

Esfuérzate por mantener siempre tus promesas. Es el principio del dominio de sí mismo.

559

Uno no es como se ve, sino como se siente. No es nuestra *imagen exterior* la que nos hace felices o desgraciados, es *la imagen que tenemos de nosotros mismos.*

560

Existe una raza de personas capaces de atropellar peatones con el pretexto de que tienen el semáforo en verde.

561

Aquéllos que presumen de sus cualidades todavía no las han elevado al grado de virtud.

562

Sólo después de haber tenido la cabeza sumergida bajo el agua sabemos lo que es la felicidad de respirar.

563

El hombre es un animal que tiene la facultad de darle un sentido a las cosas.

564

La tolerancia, como el humor, es una cualidad que exigimos a menudo a los demás, sin siempre dominarla nosotros mismos.

565

La soledad es una mujer a la que intentamos cotidianamente engañar, pero que no olvidamos jamás.

566

No debemos detenernos en los detalles de la vida cotidiana: debemos vivirlos, sencillamente.

567

Una gran debilidad de los nuevos ricos es no estar, en algunas ocasiones, a la altura de la imagen a la que aspiran conformar su personaje.

568

Los nuevos ricos son personas que sin dinero nunca hubieran llegado.

569

Algunas veces hay que soportar instantes como se soporta a personas molestas durante una velada: sabiendo que vamos a dejarlas.

570

Si fuera necesario contratar los servicios de un abogado para emprender un proceso de intención, algunas personas se arruinarían...

571

Hay algo común a los fanáticos del dinero, de la política y del sexo: que lo hacen girar todo alrededor de su pasión. De forma obsesiva.

572

Todos nuestros actos se refieren a nuestra historia psicológica. Un gesto, incluso espontáneo, tiene la edad de nuestra experiencia.

573

No conformarse, no tomar como ejemplo la norma, ser naturalmente rebelde, son pruebas de temperamento. Es el trayecto de iniciación de los hombres fuera de lo común.

574

En los negocios como en el amor, cuidado con esa actitud del enamorado apasionado o del pretendiente demasiado apresurado...

575

Tropezar es la mayoría de las veces haber querido ahorrarse un paso. Recordémoslo en la acción.

576

Lo más complicado, siempre, es ser simple. Y seguir siéndolo.

577

La vida es siempre bella e intensa cuando tenemos entusiasmo para prodigar.

578

A imagen de las capas freáticas enterradas bajo la tierra, brota de nosotros una vitalidad. Pero hay que saber liberar la fuente, si no, nos quedamos secos y sin recursos.

579

Algunos tienen el arte de hablar de sus proyectos como cosa hecha.

Quizás para forzar el destino.

Quizás para ganarse la estima de los demás. Con un esfuerzo violento.

El vanidoso ve aquí una escapatoria en lo que no es más que un callejón sin salida.

580

Somos ricos en aquello que damos y no en aquello que poseemos. Pues podemos ganarnos la estima de los demás, pero no la de las cosas. Como dice un proverbio indio: «Todo lo que no se da se pierde».

581

Sufrimos presiones, cambios de humor, variaciones de sentimientos ligeras o brutales. Nuestro equilibrio está perpetuamente amenazado. Salvo que sepamos regular nuestro termostato psíquico, reconducir nuestros extremos a un justo medio.

582

Frente a un acontecimiento, sea cual sea, elegimos sistemáticamente entre dos actitudes: *positivar* o *dramatizar*. Nuestra actitud está mucho más ligada a nuestro temperamento, a nuestra forma de ser, que al acontecimiento propiamente dicho. Así, uno sabrá encontrar en el fracaso un impulso formidable para conquistar, mientras que otro tendrá frente al éxito una inmensa ansiedad ante la idea de preservar.

583

Positivar un acontecimiento negativo es siempre desdramatizarlo. Es decir, expulsar de nuestro espíritu todo aquello que nos incita al fatalismo o al desánimo.

584

El ejercicio de carácter más difícil es seguir creyendo cuando todo incita al abandono, cuando es tan fácil gozar de sí mismo granjeándose la compasión de los demás.

585

No esperes hacer grandes cosas si no ves más allá del final de tu lógica.

586

La fidelidad es la única moneda de cambio que mantiene su valor con el tiempo.

587

Desajustes de cuentas hacen ajustes de cuentas... Sé puntual en el pago de tus deudas si no quieres tener dificultades.

588

Un individuo no actúa nunca únicamente con relación a la acción, sino que actúa mucho más con relación a sí mismo. Pues la acción es ante todo un medio de realización personal. De forma que el valor y el alcance de una acción dependen menos de su contexto que de la calidad de las ambiciones que animan a su autor.

589

Lo que limita las posibilidades de la mayoría de los hombres es su convencional forma de pensar.

El conformismo nace de la costumbre, de la fuerza de las cosas, de la influencia permanente de una norma

—asestada cotidianamente como si se tratara de una verdad indudable.

Cuántos hay que osan lanzarse por caminos inéditos porque han tenido el valor de plantear esta pregunta esencial de Paul Valéry: «¿Por qué así y no de otro modo?».

590

La mayoría de las acciones pretendidamente realizadas por orgullo son errores. Es con frecuencia la actitud del individuo que se lanza al agua porque convierte el que la lluvia no le moje en una cuestión de honor.

591

Con mucha frecuencia, el suicida es aquél que se da muerte para escapar de un peligro, de una amenaza o de una angustia.

592

Aprende a no unir tu entusiasmo más que a los objetivos que te sean accesibles. Por miedo a tener que desconfiar de tu entusiasmo y a caer en la indiferencia, que te alejará todavía más del éxito.

593

Saber en cualquier circunstancia lo que hay que hacer es una ciencia. Saber en cualquier circunstancia poner en práctica lo que se sabe es un arte.

594

Tendríamos menos obstáculos que franquear si tuviéramos menos fronteras psicológicas.

No es tanto la vida, sino nuestra forma de verla la que condiciona nuestra predisposición al éxito o al fracaso.

595

El hombre que actúa por actuar se parece al cazador que dispara sin apuntar. Al azar. A menudo es así como uno vuelve muy cansado... y con las manos vacías.

596

Una acción no constituye siempre un compromiso. Pero a menudo implica más de lo que creemos en el momento.

597

El hombre de acción debe elegir: morder en la vida o dejarse devorar por ella.

598

Hay momentos difíciles o penosos que no se pueden evitar. Lo que sí se puede evitar es pensar demasiado en ello antes de tiempo. Muchas personas se vuelven desdichadas por querer prever demasiado las consecuencias de las cosas, que ellas dramatizan previendo mil catástrofes que, por supuesto, no se producen jamás —más que en su imaginación.

Esos momentos requieren flema, y el hombre que posee esta cualidad no imagina nada: vive la situación. Y la situación pasa, como las preocupaciones que se unen a ella.

599

Con demasiada frecuencia imaginamos los pequeños problemas de la vida como un ejército en marcha, resuelto y con una progresión imperiosa. Mientras que generalmente se trata de pequeños soldados de plomo que no invaden más que los campos de batalla de nuestra imaginación...

600

Es dándose *pena* como uno se prepara *alegría*.

601

No conozco pregunta más esencial y más embarazosa que ésta: «¿Cuál es tu meta?».

602

Nada puede procurarte más tormentos y contrariedades que traicionar una fidelidad.

603

El hombre está o libre u ocupado. Si está ocupado no puede estar libre. Si está libre, está vacío en el sentido de vacante, es decir, de disponible.

Y es su disponibilidad para todo lo posible lo que precisamente hace su fuerza.

604

Si no te sientes irreprochable a los ojos de los demás sobre un asunto, no te encierres en tu supuesta reputación. Combate esa imagen negativa llevando esa tendencia hacia su extremo opuesto.

Así, si tienes reputación de lento, elige no dejar que nada se quede atrás durante mucho tiempo, y sorprende a los que te rodean por tu prontitud.

Si tienes reputación de negligente, esfuérzate por respetar todos tus compromisos, y sorprende a los que te rodean por tu fiabilidad.

Si tienes reputación de ser expeditivo y de tener siempre prisa, elige limitarte en tus actividades, asegura a los demás tu presencia y tu disponibilidad, y sorprende a los que te rodean por tu dedicación.

Si tienes reputación de egoísta o de parsimonioso, decide organizar una fiesta memorable, satisfacer a tus seres queridos, y sorprende a los que te rodean por tu generosidad.

Si tienes reputación de débil o de indeciso, realiza alguna vez una acción espectacular, y sorprende a los que te rodean por tu valor.

Aprende a no ser jamás prisionero de tu imagen. Aprende a encontrar tu equilibrio oponiendo tus extremos. Hay en ti tantos personajes diferentes que sería una lástima dejar la palabra a aquéllos que se expresan mal y eclipsar a los mejores embajadores de tu imperio interior...

605

En todas partes y siempre, acuérdate de preguntarte: «¿QUÉ ES LO QUE QUIERO, AQUÍ Y AHORA?».

VI

EL ARTE DEL RITMO Y DEL TIEMPO

606

Aquéllos que se dicen *desbordados* ¿no lo están a la manera de un jarrón en el que el continente no está a la altura del contenido?

607

La falta de tiempo es el esnobismo de los tiempos modernos. Si tienes que ser esnob, que sea más bien de obras de arte. O del arte de saber encontrar el tiempo...

608

El tiempo es dinero, se dice. No te engañes: todos los multimillonarios te dirán que es mucho más fácil ganar dinero que tiempo. El tiempo es un arte, el dinero un simple oficio.

609

Desconfía de las personas que nunca tienen tiempo. Es una excusa fácil que bien podría enmascarar una falta de talento...

610

La falta de tiempo es la excusa de los débiles, de los lentos, de los mediocres y de los distraídos.

611

Si no tuviera la tan práctica excusa del tiempo, el hombre moderno sería con frecuencia imperdonable.

612

No es de tiempo de lo que careces. Es de disponibilidad. Uno encuentra siempre tiempo para hacer lo que verdaderamente quiere.

613

No son los individuos eficaces los que se dicen *sobrecargados*, sino los débiles que se hunden bajo el peso de la carga.

614

Ten cuidado, a fuerza de carecer de tiempo, de no fallarle a él. Y de no destruir, por negligencia o torpeza, los frutos que van a nacer de las ramas.

615

Si quieres retener a alguien que afirma carecer de tiempo, retén su atención: retendrás su tiempo.

616

La expresión «*ganar tiempo*» no tiene ningún sentido propio. Nunca se puede ganar tiempo. Dicho esto, podemos utilizarlo más eficazmente.

617

No se recupera el tiempo perdido. Como mucho, podemos compensarlo con un incremento de actividad. Nosotros a veces nos *estancamos,* pero el tiempo sigue *corriendo.* Y algunas pérdidas de tiempo pueden ser irreparables.

618

Evita dejar las cosas para más tarde. *Más tarde* es a menudo sinónimo de *demasiado tarde,* es decir, de *nunca.*

619

El mundo es de los que se levantan temprano... y se acuestan tarde.

620

Aprende a no dejar nunca para mañana lo que puedas hacer hoy. Incluso si hoy se prolonga hasta altas horas de la noche...

621

Si te duermes sobre un trabajo mal hecho, dormirás mal. Y todavía estará peor hecho al día siguiente.

622

Si se ha perdido una jornada, hay que trabajar el doble al día siguiente.

623

Un proyecto medio, presentado en el momento adecuado, puede resultar admirablemente.

Un proyecto excelente, presentado en un mal momento, puede estar condenado al fracaso.

624

Con las ideas pasa como con las semillas. Necesitan encontrar un terreno favorable para tomar vida y dar frutos.

625

Nunca diremos bastante cómo algunas veces, decisiones importantes dependen de un simple cambio de humor de una persona... que no hubiera tenido forzosamente el mismo cambio de humor la víspera o al día siguiente. De ahí la importancia de presentir los momentos oportunos y los instantes decisivos.

626

Aquél que actúa mejor no es aquél que está constantemente en la brecha, pues la acción es para él una lucha. Es aquél que reúne frecuentemente su energía en una concentración que, para el exterior, tiene todas las apariencias de la meditación pasiva, pero mediante la cual prepara su acción —siempre fulminante— y alcanza sistemáticamente su objetivo, pues la acción es para él una danza.

627

Recuerda que una jornada perdida son 86.400 segundos desperdiciados...

628

El dominio del tiempo es indispensable para el hombre de acción: éste debe saber adaptar su ritmo en función del tiempo disponible.

Si llega demasiado pronto, se quedará sin aliento o insatisfecho.

Si llega demasiado tarde, se sentirá decepcionado y frustrado.

629

De hecho, el hombre de acción debe llenar su tiempo como un escribano llena una página: evitando hacer demasiado, esforzándose siempre por ser completo. Lo importante es saborear el punto final como la puntuación de algo a lo que no hay nada que objetar.

630

Para asegurarse el éxito, una acción debe obedecer a una rítmica hecha de armonía, de pausas, de tema y de una línea melódica claramente definida.

631

La paciencia es un arte para el hombre de acción, porque para saber actuar hay que saber esperar.

632

No confundas eficacia y precipitación. Con demasiada frecuencia, el hombre de acción piensa que actuar bien significa actuar rápido. Ahora bien, el éxito de la acción no pertenece a aquél que actúa más rápido, sino a aquél que administra mejor el tiempo concedido.

633

Lo difícil en la acción es tener alternativamente la prontitud del *esprínter* y la resistencia del corredor de fondo. Y no equivocarse de carrera: un atleta no aborda los 100 metros como una maratón. Se trata de dosificar el esfuerzo en función de la distancia a recorrer.

634

¡Cuántas personas se desaniman sin saber que la última línea recta está justo después de la curva!

¡Cuántas personas abandonan la carrera cuando ya han realizado lo esencial del recorrido!

635

Cuando la carrera es larga, el hombre necesita etapas. No tanto para descansar, sino para fortalecer su perseverancia.

636

Algunos viven como si fueran inmortales. Otros viven como si estuvieran con la sentencia aplazada.

Los hombres de acción se encuentran más bien en esta segunda categoría. Tienen el instinto del instante. Pero puede faltarles la visión a largo plazo.

637

Un hombre de acción se parece a un hombre acosado. Necesita estar siempre en marcha, permanecer vigilante frente a los obstáculos de la adversidad, mantener un nivel justo de tensión para no disminuir la atención. Aunque sepa que un día deberá deponer las armas ante su irreductible enemigo de siempre: el tiempo.

638

Si no hubiera personas que llegaran tarde, no habría personas con prisa.

639

Si las personas con prisa contabilizaran sus tiempos muertos, comprenderían fácilmente por qué tienen prisa.

640

Es a menudo mirando hacia atrás como nos damos cuenta de los grandes giros de nuestra vida. Pero los abordamos insensiblemente, sin darnos cuenta del instante en el que modificamos nuestro rumbo.

641

Hay, en el curso de la historia e igualmente en los caminos de la vida cotidiana, citas a las cuales acuden sin saberlo hombres de los que más tarde se dirá que han tenido un destino excepcional.

642

Es la perspectiva del tiempo la que muchas veces nos permite apreciar el valor de un instante. Somos sobre todo felices en recuerdos. La dificultad para el hombre de acción está en reconocer el instante decisivo en el momento. Pues si no lo reconoce, será la amargura o el lamento por la ocasión perdida lo que llenará su corazón.

643

Los momentos que deciden un destino tienen generalmente una apariencia totalmente anodina. Por eso es por lo que nos cuesta tanto identificarlos cuando se presentan.

644

El azar, a veces, coordina las cosas de tal forma que todas las circunstancias se reúnen para hacer de un momento sencillo un acontecimiento decisivo, si no excepcional, sin que tengamos verdaderamente consciencia de ello en el momento en el que *el instante* se cumple.

645

Todo es pura coincidencia. Las personas y los acontecimientos se cruzan como caminos. Así somos conducidos, a través del tiempo, a alcanzar la encrucijada de nuestro destino.

646

El hombre no sabe de qué estará hecho el mañana, pero puede hacer planes para diez años. Se ha dicho poco que éste es uno de los rasgos que más lo distinguen del animal.

647

Muchas personas triunfarían más rápidamente si su movilidad de espíritu igualara a su prontitud para moverse. La febrilidad del gesto perjudica la eficacia del movimiento.

648

El peso de los hábitos es el peso de la grasa; el peso de los ritos es el peso de los músculos.

649

De nada sirve ganar una carrera si nos quedamos extenuados para abordar la siguiente. Lo importante no es ganar, sino durar. Y para durar, hay que saber dosificar el esfuerzo.

650

El hombre de acción lucha a la vez *contra* el tiempo que pasa y *por* el tiempo que establece las cosas. La vivacidad de su acción es tan importante como la perennidad de su acción. Pues con frecuencia, la una fundamenta a la otra.

651

Un gesto no tiene ningún alcance si no está inspirado por un ritmo. Para el maestro táctico, ganar un combate viene a ser danzar un ceremonial. Los demás dedican su tiempo a rehacer lo que el tiempo deshace.

Nada que no esté realizado según un rito dura.

652

Todas las cosas evolucionan. La dificultad está en percibir en el momento si evolucionan de forma ascendente o decadente.

653

Si vamos demasiado rápido, nuestro dominio es delicado y nuestra trayectoria aleatoria nos aleja del justo centro. Si vamos demasiado lentos, la inercia hace que nuestros movimientos sean pesados.

Para que la ejecución sea buena, hay que encontrar el ritmo justo y no ir ni demasiado rápido ni demasiado lento.

654

No tengas nunca demasiada prisa por dejar algo. No tengas nunca demasiada impaciencia por dedicarte a otra cosa.

Lo mismo que del cuerpo se puede decir del espíritu: soporta mal los cambios de temperatura demasiado bruscos.

655

Sufrimos permanentemente la influencia de reflejos condicionados. Condicionados por las sanciones o los estímulos de nuestra infancia, por los efectos positivos o negativos de nuestra acción, por nuestras experiencias y nuestros fracasos.

No buscamos más que reproducir esquemas, sin atrevernos a imaginar durante un solo segundo que la vida, cada día, se renueva totalmente.

656

La vida es un laberinto cuyo recorrido creemos conocer. Y nos chocamos continuamente contra los invisibles muros de la realidad.

657

En los negocios no es aconsejable seguir el ritmo del bailarín de tango: dos pasos hacia adelante, un paso hacia atrás...

658

Ser el eje en el centro de la rueda, que permanece en el mismo sitio a la vez que acompaña el movimiento...

659

Se puede perder la vida como se pierde un tren: porque no se ha llegado en el buen momento, porque se ha llegado demasiado tarde. La vida, para algunos, se parece a una gigantesca sala de ocasiones perdidas.

660

Cuando permanecemos demasiado tiempo acurrucados perdemos la capacidad de reacción.

661

Lo conseguido ayer es menos importante que la construcción del mañana.

662

Cuando todo esté en suspenso, convéncete de que nada está nunca definitivamente perdido.

663

Medir el alcance real de un problema es enfrentarlo al tiempo que cura todas las cosas. Prácticamente todos los problemas se difuminan, se diluyen con el tiempo. Sin embargo, esta observación no debe servir de principio, si no, nos veríamos tentados a sistematizar una actitud hecha de pasividad y de fatalismo...

664

Parecer siempre disponible: es una elegancia tan rara en nuestros días ¡que podemos tomarla por una virtud aristocrática!

665

La presciencia no es otra cosa que la conciencia anticipada de un acontecimiento.

666

Si no se atreve a imaginarse en la meta, el corredor de maratón se verá tentado a abandonar. El camino más sólido hacia la victoria es su concepción virtual. La solución está en transformar el devenir en experiencia para su mejor comprensión.

La marcha hacia la fuente será exaltante solamente si conocemos el sabor del agua.

667

La declinación conceptual que yo prefiero es el futuro anterior. Proyectarse en el futuro para ser más conscientes del camino a recorrer en el presente para alcanzarlo. Imaginarse llegar antes mismo de partir. Volar a la velocidad del pensamiento a través del tiempo y hacer el camino al revés...

668

Empezamos a envejecer cuando el poder de los recuerdos sobrepasa al de las esperanzas.

669

Tomarse el *tiempo de vivir* no significa multiplicar los *tiempos muertos*...

670

La palabra crisis deriva de una palabra griega que significa literalmente «momento decisivo, fase de la decisión». Ésta es la razón por la que el hombre de acción conoce bien su realidad.

671

Todos nuestros males, incluso los peores, ¿qué son con relación al espacio y al tiempo? ¿Qué son en el cosmos o frente a la historia?

Algunas hojas muertas caídas del árbol de la vida. Pero la vida continúa y la tierra sigue girando.

672

Pregúntate: ¿Merece la pena considerar esta cuestión? ¿Me acordaré de ella dentro de un año? ¿Tendrá una incidencia duradera en mi vida?

Relativizar los problemas es medirlos en el tiempo. El tiempo es el mejor de los instrumentos de medida: frente a las disputas, a las relaciones, a los proyectos y a los actos. Es un equilibrio extraordinariamente justo.

673

Allí donde hay altitud no hay incertidumbre. La armonía, la unidad, vienen de arriba. Si eres desgraciado, si te tropiezas con un problema, coge altura.

Lo espiritual separa al hombre de la tierra.

674

Los hombres de fe celebran lo invisible. Los demás no se agarran más que a las cosas concretas. Y no tienen más que lo que se merecen.

675

La vida es demasiado cambiante para que dediquemos nuestro tiempo a encontrarle una lógica. La única forma de comprender la unidad de las cosas es hacerse monje. Si tú no tienes esa vocación, dedícate a armonizar los contrarios y a conciliar las paradojas en el crisol común de la realidad.

676

Los grandes destinos no se llevan siempre de forma continua de la A a la Z. Son siempre el fruto o el objeto de rupturas.

677

A los 20 años se quiere rehacer el mundo;
A los 30 años se quiere crear un imperio;
A los 40 años se quiere construir una casa;
Más tarde, se quieren salvar los muebles...

678

Cuando se duda, hay que pensar que la vida es corta, que es una elección permanente y que no hay tiempo que perder.

679

La perfección de un péndulo está en no adelantar ni atrasar, sino en estar bien ajustado. Piensa en ello mientras empleas tu tiempo.

680

La más bella lección de saber vivir nos la da el reloj: estar bien ajustado; es la única forma de tomar las cosas.

681

Uno tiene que esforzarse por estar bien dentro de su cuerpo. Incluso cuando está cansado.

682

Un movimiento perfecto es siempre la evocación parcial de un círculo. La curva anuncia el ritmo, mientras que los ángulos agudos anuncian movimientos bruscos y laboriosos.

683

El gesto que triunfa es tan puro, natural y evidente como la curva de un círculo. No es fortuito que el círculo sea considerado una figura perfecta.

684

Si quieres agradar en el trabajo que realizas, no des la impresión de ser laborioso: cuanta más impresión de facilidad des, más le gustará a la gente trabajar en colaboración contigo.

685

«La continuidad en el esfuerzo lleva a la perfección». El perfeccionamiento sólo es posible mediante el entrenamiento. Repitiendo incansablemente el movimiento justo, mejorándolo sin cesar, puliéndolo y depurándolo es como el deportista se convierte en campeón olímpico. Esta regla

es igualmente cierta para toda acción que pretenda ser eficaz, segura y duradera.

686

La hazaña de un campeón olímpico no evoca el doloroso esfuerzo, sino una sorprendente facilidad. El dominio superior es aquel que tiene un carácter de evidencia y de absoluta naturalidad. Es el homenaje que el dominio parecer hacerle a la desenvoltura.

687

Si adquieres el dominio del ritmo y del tiempo, todo lo que hagas dará la impresión de una simplicidad infantil, de una solución inmediata y fácil, y todos pensarán poder hacer lo mismo. Será cuando los demás se arriesguen a imitarte cuando tomarán conciencia de que ese carácter de evidencia no viene dado, sino que es el fruto de un largo y difícil ejercicio, incluso de un ascesis.

688

No es en la confección de la herramienta donde nos equivocamos con más frecuencia, sino en su utilización.

Igualmente, las palabras no son nada en sí mismas, pero su organización puede hacer nacer el odio tenaz o la fidelidad indefectible.

689

De niños, nos gusta nuestro destino;
De adolescentes, desafiamos nuestro destino;

De adultos, luchamos contra nuestro destino;
De ancianos, aceptamos nuestro destino.

690

¿Qué es una realización que no tiene los medios para sobrevivir al tiempo?

691

La angustia del instante es cuando la esperanza y el temor al futuro están en igualdad.

692

Hay personas que se alegran ante la perspectiva del final inminente de una situación penosa: es la alegría del caballo que huele la cuadra.

693

El tiempo arregla las cuentas con la imparcial minuciosidad de un viejo contable diligente.

694

Si la tierra gira demasiado rápido para ti, ¡tienes que instalarte en el campo y criar caracoles!

695

El éxito no es un salto, sino un proceso.

696

Pasamos toda nuestra vida franqueando obstáculos que constituyen cada una de las eliminatorias. Hasta el día en que quedamos definitivamente eliminados...

697

Confianza y perspicacia valen más que fuerza o que rabia...

698

La perseverancia es a la acción lo que la fidelidad al amor.

699

El tiempo es el mejor médico de las tensiones y de las crisis conflictivas.

700

Durante una buena parte de nuestra vida soñamos con lo que nos gustaría ser. Durante el resto de nuestra vida justificamos lo que somos.

701

Toda la vida hablamos de lo que querríamos hacer; hasta la vejez, en la que hablamos de lo que hemos hecho.

702

Lo que es probable no es seguro.
Lo prometido no siempre está garantizado.
Lo adquirido no lo está forzosamente de forma definitiva.

Tales son las tres paradojas más inquietantes para el hombre de acción, perpetuamente amenazado en su equilibrio por la movilidad de las cosas, el humor de los demás y los caprichos del tiempo que pasa.

703

Nos sentimos más ricos en promesas a cumplir que en bienes adquiridos. El capital-esperanza es el mejor seguro de vida.

704

El hombre, en el fondo, se siente decepcionado cuando su deseo se convierte en realidad. Necesita algo inaccesible o, en todo caso, algo suficientemente alejado para justificar el recorrido-persecución de toda una vida.

705

¿Te has preguntado ya qué es lo que anima a un hombre desde que se levanta hasta que se acuesta? ¿Cuál es su motivación, su meta, su razón de ser?

Me gustaría que la respuesta fuera: un ideal, una pasión, una búsqueda, una voluntad de realización. Mientras que la mayoría de las veces tiene que ver con estas palabras: costumbre, necesidad, fuerza de las cosas, ilusión confusa, huída.

La mayoría de los hombres viven sin pena ni gloria después de haber olvidado el camino y los pasos a seguir para alcanzar el gran reino perdido.

706

Todos estamos destinados a seguir una dirección, y por mucho que las circunstancias de la vida nos alejen algunas veces, un día volvemos a encontrar nuestras viejas pistas olvidadas. Igual de cierto que tenemos inclinaciones naturales, seguimos direcciones necesarias. Incluso si los caminos que tomamos se revelan a veces muy tortuosos.

707

Dos objetos resumen por sí solos las cualidades indispensables del hombre de acción: el muelle y la goma elástica.

708

El futuro, ¿quién puede conocerlo? Resulta más inteligente intentar adaptarse que intentar prever.

709

El alcance de un acto depende menos de su fuerza que de su oportunidad.

La estocada puede ser bella, pero ¿de qué sirve si se da en el agua?

710

La perennidad de una acción depende del arte y de la manera en que se realiza. Para durar en el tiempo, debe ser obra de caballero. Un acto bello no se concibe sin tacto.

711

Un movimiento de baile no puede ser exacto si no obedece a un ritmo. Lo mismo sucede con cualquier movimiento.

712

Lo más difícil para el hombre de acción es encontrar el ritmo adecuado para actuar. Ello es esencialmente una cuestión de apreciación y de sensibilidad.

713

Desconfía de los inoportunos y de los instantes de atención pretendidamente breves que te piden. Corres el riesgo de formar parte de esos hombres que quedan reducidos a la más total ineficacia porque son abordados desde por la mañana por personas que dicen que sólo son unos minutos. Como estas personas son numerosas, te das cuenta al final de la jornada de que no has hecho nada, porque una jornada es precisamente la suma acumulada de esos pocos minutos.

714

Las personas no tienen idea de todo el tiempo precioso del que dispondrían para cosas esenciales si dedicaran un poco menos de atención a las bagatelas.

715

El hombre de acción está perpetuamente amenazado de esclerosis. El fenómeno de la inercia lleva su dinamismo a un impulso insignificante, de igual forma que el fenómeno de la gravedad devuelve su cuerpo a la tierra. Sólo el impulso vital puede permitirle sobrepasar esos límites. Y para que ese impulso se exprese libremente y plenamente tiene que ser consciente de que no tiene tiempo de perder el tiempo.

716

De nada sirve plantar diez mil semillas si sólo germinan diez. Basta entonces con plantar diez. Pero hay que saber elegir las diez buenas semillas entre las miles de millares...

Igualmente, esfuérzate por distinguir cuáles, entre los miles de millares de proyectos o de ideas, son susceptibles de dar fruto. Y dedícate a hacerlos crecer con el arte y la perspicacia del jardinero.

717

La vida del hombre de acción es una suma de dificultades que resolver, de obstáculos que superar, de límites que franquear. Es un combate permanente contra mil enemigos, y en particular contra el más temible (el cual puede, si tiene talento, convertir en su cómplice): el tiempo.

718

La solución a ciertos problemas no nos pertenece: le pertenece al tiempo.

719

Los pioneros persiguen obstinadamente.
Los herederos se enriquecen.
Los descendientes disfrutan.
Así se explican los reveses de la fortuna.

720

Sin duda no es casualidad que *preservar* y *perseverar* sean dos términos tan próximos...

721

¿Qué quedará de ti?

No lo que pensaste. Ni lo que soñaste. Ni lo que fue para ti una pasión. Sino simplemente aquello que realizaste con pasión, en homenaje a un pensamiento o a un sueño.

Pues sólo aquello que has hecho, y que has hecho bien, resistirá duraderamente el paso del tiempo.

722

Para saber si tu acción es válida conviene saber si es duradera.

Retrocede los años que has vivido y haz un resumen de ellos a manera de biógrafo, en algunas líneas, sin ningún deseo de vanidad, simplemente para distinguir lo esencial de lo efímero.

¿Qué queda de importante que pueda significar que en algún lugar dejaste una huella? Lo que quede en esas pocas líneas, cultívalo en el futuro: es la sustancia más preciosa.

VII

EL ARTE DE LA PRUDENCIA, DE LA ASTUCIA Y DEL DISCERNIMIENTO

723

Hay que saber actuar cuando es necesario, y no actuar por actuar. El resto del tiempo, hay que pensar para actuar.

724

No menosprecies a un enemigo con el pretexto de que es pequeño y está aislado. Piensa que una sola cerilla puede aniquilar miles de árboles de un bosque centenario. Igualmente, un rumor faccioso, murmuraciones sabiamente orquestadas, pueden arruinar una reputación.

Esto no lo olvides jamás.

725

No te burles de la torpeza de la oruga, si no quieres, más tarde, que la mariposa se burle de ti.

726

La acción de un hombre está más determinada por el medio al que pertenece, por el grupo con el que se identifica, que por móviles de acción estrictamente personales.

Para conocer la naturaleza de una acción, entérate de dónde viene el hombre que sea su autor. Y sabrás a dónde quiere ir.

727

No hay nada más raro que un hombre libre; quiero decir un hombre que no dependa de nadie.

728

Si te ves abocado a perjudicar a tu adversario, no te quedes en la ventaja inmediata que podrás obtener de tu ofensiva. Interrógate sobre cómo reaccionará si tú actúas así. Mide de esa forma la consecuencia de la consecuencia de tu acción.

729

En la adversidad conviene siempre actuar con conocimiento de causa... y de consecuencia.

730

No olvides que es cuando se siente atacada cuando la serpiente puede desplegar una energía mortal...

731

Hay situaciones peligrosas en las que el menor gesto, sea cual sea, puede ser fatal. En una situación muy tensa, un simple gesto puede desencadenar en el enemigo una reacción desmesurada y de una violencia excepcional. Cuando la serpiente muestra su lengua ahorquillada sólo puedes hacer una cosa para salir indemne de ese mal momento: quedarte totalmente inmóvil.

732

En las situaciones *explosivas* vale más guardar las distancias que mostrar un *exceso de entusiasmo...*

733

Cuando te muestres amenazador, que no sea un juego. Si la situación te es fatal, tu adversario podrá alegar legítima defensa...

734

Si no eres lo suficientemente fuerte como para defenderte, evita jugar en el patio de los grandes...

735

El orgullo sin arma es un león sin zarpas.

736

Si manejas el cuchillo, no te quejes de haber corrido el riesgo de cortarte.

737

El estratega no es aquel que intenta ganarle la partida al adversario. Es aquel que reflexiona sobre las consecuencias que acarreará ese gesto.

738

Toda ofensiva conlleva una contraofensiva. Si menosprecias este punto y quieres llegar a viejo, más te vale evitar los campos de batalla...

739

No te fíes de tus enemigos, incluso —y sobre todo— si los has vencido.

740

Si, no contento con vencer a tu enemigo, intentas humillarlo: aunque creas haberlo derribado definitivamente, no esperes una paz duradera...

741

En toda batalla, en toda confrontación, la fuerza es mucho menos fuerte que la psicología. Por ello hay que preferir siempre la astucia al enfrentamiento, y el debate al combate.

742

La guerra a la sombra no es la más espectacular, pero es la más eficaz.

743

El hombre de acción no es necesariamente un luchador que llega cueste lo que cueste hasta el final de su acción. Si es estratega, sabe también retirarse de puntillas.

744

Hay que saber limitarse, como en la ruleta. No esperar a que la suerte cambie.

745

No presumas de tus superioridades. La sociedad no para de golpear los clavos que sobresalen.

746

Al hombre, por naturaleza, no le gusta tener deudas. Por ello, la gratitud, que debería estar a mil leguas del odio, no está más que a unos pasos.

747

Se dice del oportunista que es capaz de pisar a los demás para conseguir sus fines. Que no se fíe: el perro al que se pisa no tarda en enseñar los colmillos.

748

Si buscas no tener más que amigos, no harás nunca nada. Pero si no sabes desconfiar de tus enemigos, un día lo perderás todo.

749

Una situación conflictiva adquiere a menudo un cariz pasional. En todo caso, hay que creer en la virtud de las cosas enunciadas claramente. Retoma la situación en su origen, sigue su evolución punto por punto y pregúntate: *¿dónde está el problema?*

Enunciar claramente un problema, evitando toda idea preconcebida, es haberlo ya resuelto.

750

Guárdate de inventar las causas a partir de los efectos. Si una acción ha tenido éxito, no tiene que ser forzosamente por las razones que tú imaginas. Tampoco te sorprendas si al reproducir más tarde el mismo esquema, una acción parecida fracasa.

751

Si no has conocido desde tus principios más que el éxito fácil, dite a ti mismo que corres el riesgo de conocer igualmente el fracaso fácil...

752

Hay que amar las situaciones límite. Nos exigen que vayamos al límite de nosotros mismos y que encontremos soluciones inesperadas.

753

El fracaso es enriquecedor, se dice. Sin embargo, no es aconsejable convertirse en multimillonario de esa forma...

754

No confundas ardor e impaciencia, agilidad intelectual y dispersión, vivacidad y febrilidad, actividad y activismo, flema y pasividad.

755

Sopesar bien lo que está en juego es colocarlo en un platillo de la balanza sabiendo exactamente lo que hay que poner en el otro platillo.

756

En la adversidad, el hombre superior es aquel que sabe lo que el otro no sabe que él sabe...

757

La invención de los contratos atestigua la versatilidad humana: ciertamente, no firmamos un contrato con un enemigo, sino con alguien de quien suponemos que podría llegar a serlo.

758

Por perseguir varias liebres a la vez, el cazador regresa con las manos vacías. Pero si tiene la prontitud y la habilidad de acorralarlas sucesivamente, puede volver con las alforjas llenas.

759

La riqueza de unos no puede colmar la pobreza de otros. Igual que todas las montañas del globo no podrían ser suficientes para colmar los mares.

760

Hay personas cuyo único pretexto para actuar parece ser perturbar la acción de los demás. Es la táctica del contra-poder, generalmente expresada por aquellos a quienes escapa el verdadero poder.

761

Hay personas que, por un sabio efecto de sustitución, reprochan a sus adversarios aquello que temen que les reprochen a ellos. El adversario se ve entonces desamparado, porque ya no está en una posición ofensiva, sino defensiva. Sus argumentos, aunque sean perfectamente objetivos y estén claramente fundamentados, tendrán poco alcance, porque parecerán inspirados por un sentimiento revanchista.

Esta pirueta a menudo engaña. En este juego de manos, el hombre sagaz ve duplicidad y engaño, pero el pueblo no ve más que fuego. Por ello es por lo que el principio de la inversión de papeles es una de las tácticas favoritas de los políticos.

762

Un hombre es tanto más crítico con respecto a los demás cuanto más se presta él mismo a crítica. Esta figura de sustitución raya a menudo con la mala fe.

763

Un hombre deshonesto culpa fácilmente a los demás de deshonestidad. Es una forma hábil de fundirse en la masa.

764

El efecto boomerang no siempre se confirma para el bien que uno hace.

Pero siempre se confirma para el mal que uno hace.

765

Algunos se lanzan a aventuras como uno se lanza al vacío. Paradójicamente, como para llenar un vacío...

766

Vale más saber dar marcha atrás que lanzarse al precipicio con el pretexto de ir siempre hacia adelante.

767

Estar en el buen camino está bien, pero a condición de ir en la buena dirección. Vale más quedarse inmóvil que descender.

768

Contrariamente a lo que se afirma generalmente, lo importante no es llegar hasta el final, sino saber en qué estado se llega.

769

El mundo fue creado. Los acontecimientos también. Nuestro único mérito consiste en sacarlos a la luz.

770

Buscarse es mantener la ilusión de que uno puede *encontrarse*. Ahora bien, uno no se encuentra: llega a ser.

771

No olvides nunca que tu verdad no es forzosamente la Verdad. Ni siquiera la realidad tal y como se presenta.

772

Una acción se premedita. Exactamente igual que un crimen perfecto. Aunque sepamos que las incertidumbres de la vida son tales que una situación no se desarrolla nunca como la habíamos previsto.

773

Cuando un hombre advierta que va a hablar *muy sinceramente*, escucha bien lo que dice: descubrirás hasta qué punto es sospechoso.

774

La intuición no es infalible. Son numerosos los que le otorgan tal virtud que prefieren mostrarse sordos y ciegos a las llamadas de la realidad antes que poner en tela de juicio este sexto sentido.

775

Se juzga más lúcidamente a un hombre por su estilo de vida que por su nivel de vida.

776

La característica de los tiempos modernos es que los patanes y los bandoleros se las dan de señores y son respetados como tales, con el pretexto de que tienen el favor del dios-dinero.

777

Lo difícil para el cazador que dispone de poca munición es utilizarla en el momento adecuado. Y su mayor desesperación, después de una cacería en la que la caza ha sido escasa, es ver levantarse decenas de liebres cuando ya no le quedan cartuchos...

778

Muchos hombres no osarían lanzarse a la batalla si supieran con antelación lo que les espera.

779

El hombre de acción se parece a un viajero que pediría un billete de ida sin prever un regreso complicado...

780

La misma energía puede ser positiva o destructiva. Todo depende de cómo se utilice. Puede dar a luz o matar, ser savia o veneno.

781

¡Qué cómica es la situación de la mosca en la garrafa: agitándose sin cesar, dando vueltas, volviendo al punto de partida, obstinándose de nuevo!

Nos burlamos de la mosca, pero ¿qué hacemos nosotros en las situaciones problemáticas —impidiéndonos toda salida como la mosca que se obstina en su falsa prisión?

782

En su profesión, la mayoría de los hombres se contentan toda su vida con *apretar el mismo perno*. Algunos llaman a esto necesidad, otros fuerza de las cosas, otros deber. Pocos tienen el valor de considerar su vida como una multitud de vidas posibles.

783

Algunos tienen el arte melodramático de confundir un problema con el borde de un acantilado, y se quedan petrificados de vértigo.

784

Cuanto más dinero se tiene, menos hace el dinero la felicidad.

785

Hay algo que no tiene precio... la gratuidad.

786

Creo justo juzgar el valor de un hombre no tanto por el montante de sus ingresos, cuanto por el montante, si me atrevo a decirlo, de su gratuidad.

787

Los hombres viven de promesas como si se tratara de créditos concedidos por el porvenir. Y están dispuestos a endeudarse considerablemente. Por ello se puede decir de algunos que son *ricos en promesas.*

788

Las promesas son flores que no siempre dan frutos.

789

Más vale buenas sorpresas que grandes ilusiones.

790

Las veleidades son estériles, pero su tasa de natalidad es muy elevada...

791

En un negocio, como dice el proverbio francés sobre los albergues españoles: se encuentra en él lo que se lleva.

792

Lo que diferencia al ganador del temerario es la capacidad del primero de evaluar la naturaleza de los riesgos de los que el segundo no tendrá más que una conciencia difusa, más visceral que lógica.

793

Razonamos de una cierta forma, en un momento dado, en un contexto definido, pero ¿qué sucede cuando el contexto cambia de forma fundamental, alterando completamente los postulados que sirvieron para sentar las bases de nuestro razonamiento?

794

Cuando hay demasiadas incógnitas, la vida es una ecuación insoluble.

795

¿De qué nos sirve una brújula cuando estamos en un laberinto?

La intuición es algunas veces superior a los conocimientos.

796

La ansiedad es la incapacidad de dominar una situación.

797

Hay que aprender a auscultar el corazón de los problemas.

798

La vida está hecha de especulaciones. Porque el hombre está hecho de esperanzas.

799

«Omne ignotum pro magnifico»: todo lo que no se conoce es tenido por magnífico. Tácito llama nuestra atención sobre el atractivo de lo desconocido, que es la seducción de todo lo posible, mientras que la realidad es su sanción.

800

La realidad no está a la altura de los sueños. Sin duda porque los sueños se desvanecen, mientras que la realidad queda, por naturaleza, a ras de tierra.

801

Las verdades que no percibimos no son menos verdades.

802

Cada uno de nosotros tiene un trozo de cuerda fina con el cual puede hacer un nudo, que es el de la verdad.

803

Los proyectos muy personales deben ser perseguidos en la sombra y en soledad hasta el último momento, es decir, hasta el momento en el que nada pueda impedirles llegar a buen término.

804

El escepticismo es el aspecto positivo del pesimismo. Pero es necesario que sea medido y razonado, y no actitud sistemática. Si no, terminará por impedirte todo impulso.

805

La indiferencia constituye a veces un estado de cólera avanzado.

806

El verdadero conocimiento no es el saber, sino la oportunidad, que es el tacto de las ideas.

807

Lo que es imprevisible no siempre es inesperado. Igual que lo que es inverosímil no siempre es falso.

808

Desconfía de aquéllos que pretenden hacer preguntas a título de curiosidad: es a menudo en esos casos cuando plantean preguntas esenciales.

809

Las personas enigmáticas son inquietantes.

810

Siempre es importante coger la medida exacta de un problema. No se cura a un enfermo de cáncer con una aspirina.

811

No es necesario recurrir a un martillo pilón para aplastar un mosquito. En la adversidad, aprende a no desplegar más fuerza de la necesaria. Quien desea llegar lejos en el combate ahorra sus energías y su munición...

812

Comenzamos a perder cuando nos dormimos sobre nuestras victorias. Es durante el reposo cuando el guerrero se deja sorprender.

813

El árbol del idealismo esconde el bosque de la lucidez.

814

Haber nacido con buena estrella es una suerte. Pero hace falta que no sea una estrella fugaz...

815

La conciencia no aplicada es el accidente previsto, pero que no hemos sabido evitar.

816

Desconfiemos de las cosas simples: es raro que no escondan alguna otra cosa.

817

Cuando una situación es demasiado simple tenemos tendencia a complicarla. Como para darle más peso. Pero hay que tener cuidado de que ese peso no se convierta en una carga.

818

Donde no hay toma de conciencia hay crisis de conciencia.

819

Los *golpes de mala suerte* no existen más que en los juegos de azar. Ahora bien, la vida no es un juego de azar —aunque a veces lo parezca.

820

Preserva tu intuición del terrorismo del saber. Si no, será tomada como rehén y deberá, sistemáticamente, dar cuentas a la razón.

821

La cultura universitaria anestesia la imaginación.

822

La primera lucidez del hombre de acción consiste en saber distinguir en él la ambición y la vanidad, y saber distinguir en los demás las promesas y los faroles.

823

«*Quieta non movere*»: no agitar lo que está tranquilo. Así se expresaba Salustio. Tenía razón: es bien inconsecuente despertar las disputas adormecidas. No actives el veneno de la serpiente...

824

¿Vale más ser pequeño entre los grandes, o grande entre los pequeños?

825

El joven lobo tiene los colmillos para defenderse.
El viejo zorro tiene la astucia para que no le cojan.

826

Una estratagema es el medio táctico por el cual un hombre se hace pasar por considerablemente más temible de lo que lo es en realidad.

827

Si dominas el arte de la astucia sabrás neutralizar la ofensiva de enemigos más fuertes que tú, simplemente arreglándotelas para que éstos sobrestimen tus fuerzas. Esto se llama un farol.

828

Si eres débil, más vale que tu adversario sobrestime tus fuerzas.

Si eres poderoso, más vale que tu adversario subestime tus fuerzas.

829

La astucia es un arte que tiene infinitas variantes.

La fuerza es un medio que tiene sus exactos límites.

Por ello, a menos que uno sea extremadamente poderoso, vale más emplear la astucia.

830

En el vocabulario militar el término «fricción» define una situación que no se desarrolla como estaba previsto.

Evita ser demasiado categórico en tus planes, y recuerda que el primer talento del hombre de acción es saber adaptarse.

Ello te permitirá minimizar las *fricciones,* de las cuales es bien conocido que terminan por desgastar la mecánica...

831

El estratega trabaja con todas sus fuerzas y con toda su fe por la victoria: pero sabe también lo que hará en caso de derrota.

Un plan, por muy razonable que sea, no puede concebirse sin alternativa.

832

Algunos mantienen ejércitos, otros ilusiones.

Hay una idea utópica y ampliamente extendida, a saber: que se cree evitar toda amenaza simplemente oponiéndose a la idea del combate. Los suizos, por mucho que sean neutrales, tienen desde hace mucho tiempo uno de los ejércitos más experimentados del mundo...

833

Existen hombres con talento en su terreno, pero incapaces de dar un paso en terrenos desconocidos. Para el que se consagra a la acción, vale más saber sobrevivir en todos los terrenos que saber vivir en su jardín.

Actuar exige, en efecto, saber responder a las llamadas del exterior, aventurarse en campañas lejanas, sin perjuicio de, más tarde, volver a casa y levantar el puente levadizo.

834

Si, por deseo de sentirte seguro o de comodidad, te niegas a aventurarte fuera de tu fortaleza, cuenta con que algún día sea tomada por asalto.

835

El hombre de acción está condenado a vivir permanentemente alerta. Cada día puede ser una reconsideración. Cada instante puede ser una amenaza o un estímulo.

836

Estarás menos ansioso y serás considerablemente más eficaz el día que sepas hacerte esta pregunta regularmente frente a las resistencias de la vida corriente: ¿Dónde está el nudo del problema?

Para *desatar* una situación hay que saber exactamente dónde se encuentra el *nudo,* y cómo está hecho.

François Garagnon
Les Marquisats
Marlogne
1989

Carpe diem

«Aprovecha el día presente»
Palabras de Horacio (Odas, 1, 11, 8), a quien le
gusta recordar que la vida es corta y que hay
que darse prisa en disfrutarla. En el siglo XVI,
Ronsard se hace eco de esta célebre máxima con
esta famosa exhortación: «Vivid no esperéis a
mañana, recoged desde hoy las rosas de la vida».

VADEMÉCUM DEL HOMBRE DE ACCIÓN

Sé uno de esos seres puros y duros que viven la vida alto y fuerte.

Cuando tu tiempo sobre los campos de batalla toque a su fin, lo mejor que se te puede desear es que tengas el honor del capitán, quien podría declarar muy sinceramente en su testamento: «Por lo que respecta a lo esencial, lo hice lo mejor que pude. En cuanto al resto, hice lo que pude...».

... Y sobre todo, que toda tu vida de hombre sea lo suficientemente rica, apasionada y decidida. Para que no te quedes callado cuando Dios te haga la última pregunta: «¿Qué hiciste con tu talento?».

EL ARTE DE LA GUERRA

SEGÚN SUN-TZU, MUSASHI Y OTROS GRANDES
ESTRATEGAS ASIÁTICOS

Sun-Tzu: autor chino (500 a.c.), célebre por su famoso
ensayo sobre «El arte de la guerra», el más antiguo de los
tratados conocidos sobre el tema, y que ha influido considerablemente en las estrategias modernas rusas y chinas.
Generalmente opuesto a Clausewitz —teórico militar contemporáneo—, Sun-Tzu ha inspirado una filosofía de la
guerra y una ética marcial que descansan, no sobre la
fuerza y el aniquilamiento, sino sobre la astucia.

Miyamoto Musashi (1584-1645) - El más célebre sa-
murai de todos los tiempos, contemporáneo de d'Artag-
nan. Figura legendaria, Musashi permaneció invicto después de una vida de combate. Su testamento filosófico,
Gorin-nosho («Tratado de las cinco ruedas»), sigue siendo
un clásico de la estrategia y de la táctica.

*NOTA - Los títulos intermedios no pertenecen a los tex-
tos originales. Han sido añadidos por el autor para mayor
claridad.*

De la astucia

\# «El arte supremo de la guerra consiste en someter al enemigo sin combate». (Sun-Tzu)

\# «En campaña, sé rápido como el viento; cuando avances en pequeñas etapas, majestuoso como el bosque; en la incursión y el pillaje, parecido al fuego; al detenerte, inquebrantable como las montañas. Tan insondable como las nubes, desplázate como el rayo». (Sun-Tzu / *lema del guerrero japonés Takeda Shingen*)

\# «Impalpable e inmaterial, el experto no deja huella; misterioso como una divinidad, es inaudible. Es así como deja al enemigo a su merced». (Sun-Tzu)

Del mandato

\# «La responsabilidad de un ejército de un millón de hombres descansa sobre un sólo hombre. Él es la fuerza de su moral». (Wu Ch'i)

\# «Por autoridad yo entiendo las cualidades de sabiduría, equidad, humanidad, valor y severidad del general». (Sun-Tzu)

«Si el jefe está dotado de sabiduría, es capaz de reconocer los cambios en las circunstancias y actuar con prontitud.

Si es equitativo, sus hombres estarán seguros de la recompensa y del castigo.

Si es humano, ama al prójimo, comparte sus sentimientos y aprecia su trabajo y su pena.

Si es severo, sus tropas serán disciplinadas porque le temen y temen el castigo». (Tu Mu)

«Las recompensas demasiado frecuentes indican que el general se ha quedado sin recursos; las sanciones demasiado frecuentes, que está al límite de la angustia». (Sun-Tzu)

«Si un general se muestra demasiado indulgente con sus hombres pero es incapaz de emplearlos, si los ama pero no puede hacer que ejecuten sus órdenes, si las tropas están desordenadas y si no es capaz de controlarlas, pueden compararse a niños mimados y son inútiles». (Sun-Tzu)

Del dominio de sí mismo

«Incumbe al general ser sereno e impenetrable, imparcial y dominador de sí mismo». (Sun-Tzu)

«Si es sereno, es insensible a las contrariedades; si es impenetrable, es insondable; si es justo, actúa como conviene; si se domina a sí mismo, no cae en la confusión». (Wang Hsi)

«El equilibrio mental se pierde en caso de peligro, de dificultad o de sorpresa. Pensad bien en ello». (Musashi)

«El general domina por la fe. Ahora bien, el orden y la confusión, el valor y la cobardía, son otras tantas cualidades regidas por la fe. Por ello, el que es experto en el arte de hacer que el enemigo dependa de él lo obstaculiza y luego se dirige contra él. Lo saca de sus casillas para desorientarlo y lo acosa para volverlo temeroso. Así, le hace perder la fe, y toda aptitud para hacer planes». (Chang Yu)

«En materia de planificación, nunca un movimiento inútil; en materia de estrategia, ningún paso en vano». (Chen Hao)

«En todas las cosas hay ritmo. Cuando el ritmo domina, la ejecución es buena. En todas las artes y técnicas no se puede ir contra el ritmo». (Musashi)

De la movilización

«Mantener un nivel uniforme de valentía es el objeto del mandato militar». (Sun-Tzu)

«El verdadero método, cuando se tienen hombres bajo tus órdenes, consiste en utilizar al avaro y al tonto, al prudente y al valiente, y darle a cada uno una responsabilidad en situaciones apropiadas para ellos. No confíes a la gente tareas que son incapaces de realizar. Haz una selección y da a cada uno responsabilidades proporcionadas a su competencia». (Chang Yu)

«Cuando se dirigen tropas, hay que sacar partido de la situación, exactamente igual que cuando hacemos rodar una pelota a lo largo de una pendiente abrupta. La fuerza aplicada es mínima, pero los resultados son enormes». (Chang Yu)

«En la guerra, el número por sí solo no procura ninguna ventaja. No avances apoyándote exclusivamente en la potencia militar». (Sun-Tzu)

«Las acciones de una masa no pueden ser modificadas con rapidez y por tanto son fáciles de descubrir, mientras que las acciones de una sola persona son modificables por una decisión única y por tanto es un detalle difícil de captar». (Musashi)

Del ataque

«Un maestro en el arte militar logra sus victorias sin extravíos. 'Sin extravíos' significa que, haga lo que haga,

se asegura la victoria; vence a un enemigo ya derrotado».
(Sun-Tzu)

«Si de un golpe, el halcón rompe el cuerpo de su presa, es que golpea exactamente en el momento deseado». (Sun-Tzu)

«Golpead al enemigo igual de enérgicamente que un halcón golpea el objetivo. Infaliblemente, rompe los riñones a su presa porque espera el momento oportuno para golpear. Su gesto está calculado». (Tu Yu)

«Así, aquél que es experto en el arte militar posee una fuerza de impulsión irresistible y su ataque está regulado con precisión. Su potencial es el de una ballesta tensada al máximo, su tiempo de acción, el del disparo del mecanismo». (Sun-Tzu)

«De una forma general, es esencial en el combate utilizar tropas de élite como punta de lanza de la vanguardia. Primero, porque ello refuerza nuestra propia determinación, y luego, porque estas tropas debilitan la acometividad del enemigo». (Chang Yu)

«Hacer nacer una cierta tensión en el adversario consiste en impedirle estar seguro de sí mismo». (Musashi)

De la adaptabilidad

«La configuración geográfica puede ser una importante baza en el combate. Por ello el estimar la situación del enemigo y calcular las distancias, así como el grado de dificultad del terreno para hacerse dueño de la victoria, es el arte del general eminente. Aquel que lucha teniendo un conocimiento perfecto de estos factores está seguro de la victoria; en el caso contrario, la derrota está asegurada». (Sun-Tzu)

«Hay que hacer que nuestro espíritu sea semejante al agua. El agua toma la forma de los recipientes que la contienen, sean cuadrados o redondos». (Musashi)

«Igual que las aguas se adaptan a los accidentes del terreno, un ejército, para lograr la victoria, adapta su acción a la situación del enemigo.

E igual que el agua no tiene forma estable, no existen en la guerra condiciones permanentes.

En consecuencia, aquel que sabe lograr la victoria modificando su táctica según la situación del enemigo merece pasar por divino». (Sun-Tzu)

«Aquél que destaca en resolver dificultades, las resuelve antes de que surjan. Aquél que destaca en vencer a sus enemigos triunfa antes de que las amenazas de éstos se concreten». (Tu Mu)

De la táctica

«No exasperéis a un enemigo en situación desesperada». (Sun-Tzu)

«Las bestias salvajes, cuando están acorraladas, luchan con la energía de la desesperación. ¡Cómo es esto todavía más cierto en el caso de los hombres! Si saben que no hay otra solución, lucharán hasta la muerte». (Fu Ch'ai)

«No hay nada más difícil que el arte de la maniobra. La dificultad en esta materia consiste en hacer de una vía tortuosa el camino más directo y en transformar la mala suerte en ventaja». (Sun-Tzu)

«Generalmente, aquél que ocupa el terreno en primer lugar y espera al enemigo está en una posición de fuerza; aquél que llega al lugar un poco más tarde y se precipita al combate está ya debilitado». (Sun-Tzu)

«Si deseo tomarle la delantera al enemigo, no debo considerar únicamente la ventaja que obtendré con ello, sino que primero debo considerar las formas en las que él puede perjudicarme si yo actúo así». (Tu Mu)

«Cuando he logrado una victoria, no empleo la misma táctica una segunda vez, sino que para responder a las circunstancias, varío mi estilo de forma infinita». (Sun-Tzu)

De la fulminación

«La victoria es el objetivo principal de la guerra. Si tarda demasiado, las armas se debilitan y la moral se desmorona.

Cuando vuestras armas hayan perdido su carácter incisivo, vuestro ardor se haya apagado, vuestras fuerzas estén agotadas y vuestra tesorería reducida a la nada, los soberanos vecinos aprovecharán vuestro desamparo para actuar». (Sun-Tzu)

«Los expertos en el arte militar confían particularmente en la oportunidad y en la rapidez de ejecución». (Ch'en Hao)

«Un ataque puede carecer de ingeniosidad, pero es absolutamente necesario que se haga con la velocidad del rayo». (Tu Yu)

«Aquél cuyo avance es irresistible cae sobre los puntos débiles del enemigo; aquél que, cuando se bate en retirada, no puede ser seguido, se desplaza con tanta prontitud que no puede ser alcanzado». (Sun-Tzu)

«Lanzáos a la nada, precipitaos al vacío, rodead lo que él defiende, alcanzadlo allí donde él no os espera». (Ts'ao Ts'ao)

\# «La prontitud es la esencia misma de la guerra. Sacad partido de la falta de preparación del enemigo, seguid itinerarios imprevistos y golpeadle allí donde no se ha prevenido.

Si hay algo que cuenta, es la divina celeridad: llegad como el viento y partid como el rayo». (Sun-Tzu)

De la invencibilidad

\# «Es un principio en materia de arte militar no suponer que el enemigo no vendrá, sino contar más bien con la prontitud de uno para plantarle cara, no confiar en que no atacará, sino más bien hacerse invencible». (Sun-Tzu)

\# «Nuestra invencibilidad depende de nosotros, la vulnerabilidad del enemigo, de él.

La invencibilidad reside en la defensa, las probabilidades de victoria en el ataque». (Sun-Tzu)

\# «Cuando ya nada avance, abandonad vuestras primeras ideas, renováos en todo y coged un nuevo ritmo. Así, descubrid el camino hacia la victoria». (Musashi)

«El sol sale. La inmensidad se ilumina.»
Caligrafía de Y. Mumon.

El Buen Camino

— Lo que llamamos «el buen camino» es el retorno a los principios esenciales; «la justicia» es lo que hace progresar las cosas y establece el mérito; «la planificación» es aquello por lo que el mal es evitado y la ventaja obtenida; «los principios esenciales», lo que salvaguarda el trabajo y protege las realizaciones. Si la conducta no es conforme al «Buen Camino» y la acción a «la Justicia», aunque ocupéis una posición importante y honorable, la desgracia se abatirá sobre vosotros.

— Y ello es seguramente por lo que el sabio ejerce su autoridad sobre sus súbditos con ayuda de los principios más elevados y los gobierna con la justicia. Los estimula con los ritos y los apacigua tratándolos humanamente. Cuando se practican estas cuatro virtudes, el pueblo prospera; cuando se descuidan, el pueblo naufraga.

— Generalmente, cuando se gobierna un país y se manda un ejército, es necesario instruir al pueblo recurriendo a los ritos y estimularlo con la justicia para inculcarle el sentido del honor. Ahora bien, si los hombres poseen un sentido del honor elevado serán capaces de luchar; si es menor, serán capaces de asegurar la defensa. Lograr la victoria es fácil, preservar sus frutos, difícil. (Wu Tzu)

Las cinco tendencias fatales del general

1. Si es temerario, pueden matarle.
2. Si es cobarde, será capturado.
3. Si es irritable, pueden engañarle.

4. Si posee un sentido del humor demasiado quisquilloso, pueden calumniarle.
5. Si tiene un alma compasiva, pueden atormentarle.

Estos cinco rasgos de carácter son graves defectos en un general, y en las operaciones militares son catastróficos. El aniquilamiento del ejército y la muerte del general resultan inevitablemente de estos puntos débiles. Éstos deben ser sopesados detenidamente.

Los cinco pilares de la victoria

Hay que saber que existen cinco casos en los cuales la victoria es previsible:

1 Aquél que sabe cuándo hay que combatir y cuándo no, saldrá victorioso.
2. Aquél que sabe cómo utilizar un ejército grande y un ejército limitado, saldrá victorioso.
3. Aquél cuyas tropas están unidas alrededor de un objetivo común, saldrá victorioso.
4. Aquél que es prudente y espera a un enemigo que no lo es, saldrá victorioso.
5. Aquél que tiene generales competentes y al abrigo de la injerencia de los soberanos, saldrá victorioso.

Éstos son los cinco casos concretos en los que el camino hacia la victoria es conocido.
Por ello es por lo que digo: «Conoce al enemigo y conócete a ti mismo; en cien batallas, no correras jamás ningún peligro».
(Sun-Tzu)

Las nueve claves del dominio de sí mismo

El hombre honesto se preocupa de nueve cosas:

1. Cuando mira, se preocupa de ver claro;
2. Cuando escucha, se preocupa de entender claramente;
3. En su comportamiento, se preocupa de ser agradable;
4. En su actitud, se preocupa de ser respetuoso;
5. Cuando habla, se preocupa de que sus palabras sean leales;
6. En su cometido, se preocupa de ser formal;
7. En la duda, se preocupa de informarse;
8. Cuando se enfada, se preocupa de las consecuencias;
9. Cuando obtiene una ventaja, se preocupa de que no sea en detrimento de la justicia.

(Confucio)

El ascesis de las artes marciales

«Para tener la idea de un movimiento, hay que hacerlo mil veces. Para conocerlo, hay que repetirlo diez mil veces. Y para poseerlo, hay que realizarlo cien mil veces».

(antiguo proverbio japonés)

In hoc signo vinces

«Tú vencerás por este signo»
La tradición relata que cuando Constantino iba a combatir contra Majencio, una cruz se mostró en el aire a su ejército, con estas palabras: *In hoc signo vinces.* Hizo pintar este signo sobre su estandarte y venció. Esta locución se emplea para designar a quien, en una circunstancia cualquiera, nos hará superar una dificultad o lograr una ventaja.

ÉXITO, MODO DE EMPLEO

LECCIONES DE SABIDURÍA PARA USO DE LOS HOMBRES DE ACCIÓN

Osar

* «El éxito de la acción pertenece a aquél que une el máximo de audacia con el máximo de preparación». (E. Mounier)

* «No hay acción sin una chispa de locura, sin una sinrazón soberana que se burle de las razones». (E. Mounier)

* «Cuando la prudencia está en todas partes, el valor no está en ninguna». (Cardenal Mercier)

* «El arte de ser unas veces muy audaz y otras muy prudente es el arte de triunfar». (Napoleón)

* «Es bueno ser firme por temperamento y flexible por reflexión». (Vauvenargues)

* «El tacto en la audacia es saber *hasta dónde podemos llegar demasiado lejos*». (J. Cocteau)

* «La prudencia no es no intentar nada, sino saber osar a propósito». (E. de Girardin)

* «Hay algo peor en la vida que no haber triunfado: no haberlo intentado». (F. D. Roosevelt)

* «Quien no ha sabido, quien no ha osado en un momento dado 'arriesgarse' no tiene derecho a quejarse de la mediocridad de su existencia». (A. de Saint-Exupéry)

* «¿Se puede llamar prudente a un hombre que desea ardientemente actuar, pero que deja escapar todas las ocasiones de hacerlo? (Confucio)

* «La mayoría de los hombres tienen un momento en su vida en el que pueden hacer grandes cosas: es aquél en el que nada les parece imposible». (Stendhal)

* «No es que no osemos porque las cosas son difíciles. Es que son difíciles porque no osamos». (Séneca)

* «Las cosas no son difíciles de hacer, lo que es difícil es ponernos en condiciones de hacerlas». (C. Brancusi)

* «Medirse con lo imposible es confiar en la vida». (E. Ionesco)

* «El extremo límite de la prudencia es lo que el público bautiza como locura». (J. Cocteau)

* «¿Qué gran acción hay que no sea un *extremo* en el momento de emprenderla? Es una vez realizada cuando parece posible al común de los mortales». (Stendhal)

* «El éxito fue siempre hijo de la audacia». (Crébillon)

* «Un hombre debe abordar sus asuntos como si no tuviera un solo amigo en el mundo para ayudarle». (Lord Halifax)

* «Vale más vivir un solo día como león que cien años como cordero». (proverbio italiano)

* «¡Ay de los inciertos y de los parsimoniosos! Morimos por defecto mucho más que por exceso». (Saint-John Perse)

* «Odio a esos corazones pusilánimes que, por prever demasiado las consecuencias de las cosas, no osan emprender nada». (Moliere)

* «¡Qué de cosas hay que ignorar para 'actuar'!». (P. Valéry)

* «Las pequeñas consideraciones son la tumba de las grandes cosas». (Voltaire)

* «Prefiero el nómada que huye eternamente y persigue el viento, a mis tenderos enriquecidos a quienes hincha la seguridad». (A. de Saint-Exupéry)

Soñar

* «Si eres capaz de soñarlo, eres capaz de hacerlo». (W. Disney)

* «Los sueños están hechos para ser realizados. Basta con un poco de obstinación». (A. Lanoux)

* «Nada grande ha podido ser hecho jamás sin entusiasmo». (R.W. Emerson)

* «Nada grande se hace sin quimeras». (E. Renan)

* «No se hace nada grande sin fanatismo». (G. Flaubert)

* «El entusiasmo siempre ha engendrado certeza». (A.-V. Espinas)

* «Pesimismo, signo de impotencia: somos pesimistas porque nos sentimos incapaces de dominar la vida». (A. Marbeau)

* «No existe el coraje triste». (M. Jouhandeau)

* «Soñar es hacer un diagnóstico, no de lo que somos, sino de lo que podríamos ser». (F. Marceau)

* «A veces hay que dejar de actuar para obrar profundamente». (E. Mounier)

* «Se trata en todo momento de sacrificar lo que somos por lo que podemos llegar a ser». (C. du Bos)

* «Para realizar grandes cosas no basta con actuar, hay que soñar; no basta con calcular, hay que creer». (A. France)

* «El que sabe una cosa no vale el que la ama. El que ama una cosa no vale el que hace de ella su gozo». (Confucio)

* «Donde hay vida, hay esperanza». (Cervantes)

* «El motivo por sí solo hace el mérito de las acciones de los hombres, y el desinterés pone la perfección». (J. de La Bruyère)

* «La grandeza de las acciones humanas es proporcional a la inspiración que las hace nacer». (L. Pasteur)

* «Hace falta mucha ingenuidad para hacer grandes cosas». (R. Crevel)

* «La gloria les llega sólo a aquellos que la han soñado siempre». (C. de Gaulle)

* « En todas las acciones humanas hay más de azar que de decisión». (A. Gide)

* «Cuidado con los soñadores despiertos cuando disponen de los medios para realizar sus sueños». (Lawrence de Arabia)

* «Los grandes creadores se distinguen de los demás hombres en virtud de un primer rasgo de carácter que es una mezcla de escepticismo con respecto a los dogmas establecidos y de ingenuidad frente a las hipótesis más arriesgadas». (A. Koestler)

* «La imaginación gobierna el mundo». (Napoleón)

* «La imaginación es más importante que el conocimiento». (A. Einstein)

* «Una gran imaginación produce el acontecimiento». (Montaigne)

* «Para que un negocio tenga éxito son necesarias tres personas: un soñador, un comerciante y un sinvergüenza». (P. MacArthur)

Creer

* «El único límite a nuestras realizaciones de mañana son nuestras dudas de hoy». (F. D. Roosevelt)

* «El éxito no depende tanto de la ayuda exterior como de la confianza en sí mismo». (A. Lincoln)

* «Nadie tiene más suerte que aquél que cree en su suerte». (proverbio alemán)

* «Un hombre que debe estar convencido de actuar antes de actuar no es un hombre de acción». (G. Clémenceau)

* «La culpa no está en nuestra estrella, sino en nosotros mismos». (Shakespeare)

* «Dudar de todo o creerlo todo, son dos soluciones igualmente cómodas que nos dispensan ambas de reflexionar». (H. Poincaré)

* «La mayoría de los hombres creen en aquello que esperan». (Julio César)

* «La esperanza y el temor son inseparables; no hay esperanza sin temor ni temor sin esperanza». (F. de la Rochefoucauld)

* «La única cosa que debemos temer es el temor mismo». (F. D. Roosevelt)

* «Aceptar la idea de una derrota es estar vencido». (Mariscal Foch)

* «Los mayores enemigos del hombre son la presunción y la desconfianza». (Epicteto)

* «No olvides que cada nube, por negra que sea, tiene siempre una cara soleada, girada hacia el cielo». (W. Weber)

* «Vivir es no resignarse». (A. Camus)

* «Hacer es la mejor forma de esperar». (T. Maulnier)

* «Nadie puede sentirse a la vez responsable y desesperado». (A. de Saint-Exupéry)

* «El optimista mira la rosa y no ve las espinas. El pesimista mira las espinas y no ve la rosa». (máxima popular árabe)

* «El pesimismo es de humor; el optimismo de voluntad». (Alain)

* «Extended un poco vuestra mirada y estaréis pronto convencidos de que los males de los que os quejáis son puras nadas». (F. de Chateaubriand)

* «Casi todos los males no tienen fundamento más que en nuestra imaginación». (F.-R. de Lamennais)

* «Haced lo que está en vosotros y Dios secundará vuestra buena voluntad». (Imitación de Jesucristo)

* «La vocación es un torrente que no se puede contener, ni interceptar, ni constreñir. Siempre se abrirá un pasaje hacia el océano». (H. Ibsen)

* Un pueblo sin fe no podría tenerse en pie». (Confucio)

Querer

* «He visto a casi todos los que quieren, llegar hasta el final de su querer». (E. de Goncourt)

* «Las personas que desean algo fervientemente son casi siempre bien atendidas por el azar». (H. de Balzac)

* «Nada es imposible: hay caminos que conducen a todas las cosas. Si tuviéramos suficiente voluntad, tendríamos siempre suficientes medios». (F. de la Rochefoucauld)

* «Es la sola tibieza de nuestra voluntad la que hace nuestra debilidad». (J.-J. Rousseau)

* «No sufrimos el porvenir, lo hacemos». (G. Bernanos)

* «¿De qué se trata en el fondo? Simplemente de estar totalmente comprometido con lo que se está haciendo, aquí y ahora; y de darse cuenta de que entonces ya no se trata de trabajo, sino de juego». (Alan Watts)

* «Todo lo que no se hace por convicción es pecado». (Nuevo Test., Romanos 14, 3)

* «Actúa de tal forma que la máxima de tu voluntad pueda ser erigida en ley universal». (E. Kant)

* «Las voluntades precarias se traducen en discursos, las voluntades fuertes en actos». (Gustave Le Bon)

* «Ocurre que las grandes decisiones no se toman, sino que se forman ellas mismas». (H. Bosco)

* «La fortuna no tiene los brazos largos; no se adueña más que del que se agarra a ella». (Séneca)

* «Si se ejercitan demasiado poco, la fe se convierte en credulidad y la esperanza en ilusión». (G. Thibon)

* «Hace falta que la voluntad imagine demasiado para realizar suficiente». (G. Bachelard)

* «No me habléis de vuestros esfuerzos. Habladme de vuestros resultados». (J. Ling)

* «Gobernar es elegir». (Duque de Lévis)

* «Imponer nuestra voluntad a los demás es fuerza. Imponérnosla a nosotros mismos es fuerza superior». (Lao-Tse)

* «Aquél que lleva en su corazón una catedral a construir es ya un vencedor, mientras que aquel que se asegura un puesto de sillera en una catedral ya construida es un vencido». (A. de Saint-Exupéry)

Actuar

* «Vivir no es respirar, es actuar». (J.-J. Rousseau)

* «El objetivo supremo en la vida no es el saber, sino la acción». (A. Huxley)

* «No dejar pasar un día, uno sólo, sin hacer un trabajo constructivo». (principio de vida de Alexandra David-Néel)

* «Los jóvenes no necesitan maestros para pensar, sino maestros para conducirse». (H. de Montherlant)

* «Práctica y conocimiento no son más que uno». (proverbio japonés)

* «No hay que confundir movimiento y acción». (E. Hemingway)

* «Actuar no es lo mismo que hablar, aunque sea con elocuencia, ni que pensar, aunque sea con ingeniosidad». (M. Proust)

* «El valor de una idea no se mide por su pureza o por su generosidad abstractas, sino por sus posibilidades de aplicación en la realidad. La prueba de la realidad

constituye el único criterio de validez de las ideas». (G. Thibon)

* Cada uno de nosotros posee una música de acompañamiento interior. Y si los demás la oyen también, eso se llama personalidad». (G. Cesbron)

* «Después de la filosofía, hace falta la acción; la fuerza intensa consuma lo que la idea inició». (Victor Hugo)

* «Hay que actuar como hombre de pensamiento y pensar como hombre de acción». (H. Bergson)

* «Dios nos da manos, pero no construye un puente por nosotros». (proverbio inglés)

* «Mi norma de conducta ha sido siempre no aplazar nada para el día siguiente». (Duque de Wellington)

* «Es de una gran sabiduría no actuar con precipitación y no aferrarse obstinadamente a la propia opinión». (Imitación de Jesucristo)

* «La verdadera generosidad hacia el futuro consiste en darlo todo al presente». (A. Camus)

* «No temas avanzar lentamente, teme solamente pararte». (proverbio chino)

* «Hay que caminar y pensar, y no sentarse y pensar». (máxima armenia)

* «Un hombre de negocios es un cruce entre un bailarín y una calculadora». (P. Valéry)

* «Amigos, ¿qué es una gran vida, sino un pensamiento de la juventud ejecutado por la edad madura? (A. de Vigny)

* «El futuro pertenece de preferencia, no a los que lo sueñan en el vacío o lo planifican en lo abstracto, sino a aquéllos que, cumpliendo sus promesas y asumiendo

sus responsabilidades, dejan ya su marca sobre él». (G. Thibon)

* «Sabremos quiénes somos cuando veamos lo que hemos hecho». (P. Drieu la Rochelle)

Perseverar

* «El fracaso está siempre ligado a la falta de perseverancia... No hay derrota que no tenga sus raíces en nosotros, ni otro obstáculo insuperable que la debilidad de no saber lo que queremos». (R. Pape)

* «Lo que hace a la vida impotente y enfermiza son los esfuerzos mal regulados y mal dirigidos». (J. Simon)

* «En el albergue de la decisión la gente duerme bien», (proverbio persa)

* «La paciencia es el arte de esperar». (Vauvenargues)

* «La paciencia es un árbol cuya raíz es amarga y cuyos frutos son muy dulces». (proverbio persa)

* «No le sirve de nada empezar bien a quien no quiere seguir hasta el final». (H.-F. Amiel)

* «La victoria ama el esfuerzo». (Catulo)

* «Nada excelente se hace de repente». (E. Renan)

* «El que quiere ser rico en un año, después de seis meses está ahorcado». (Cervantes)

* «Si piensas a un año, plantas trigo;
Si piensas a diez años, plantas árboles;
Si tienes veinticuatro años, formas hombres». (proverbio chino)

* «La más débil de todas las tentaciones es la del desánimo». (San Francisco de Sales)

* «En plena angustia no pierdas nunca la esperanza, pues el tuétano más exquisito está en el hueso más duro». (Hafiz)

* «No hay error más paralizador que confundir una etapa con la meta o entretenerse demasiado tiempo en una parada». (Shrî Aurobindo)

* «Llegar hasta el final no es sólo resistir, sino también dejarse llevar». (A. Camus)

* «Tu periodo de aprendizaje sólo tendrá valor en la medida en que disfrutes de él. Hay que llegar a un punto en el que volver a empezar y superarse constantemente se conviertan en una danza». (Alan Watts)

* «No son las malas hierbas las que ahogan las buenas semillas; es la negligencia del cultivador». (Confucio)

Combatir

* «Actuar como primitivo y prever como estratega». (R. Char)

* «Los negocios son una mezcla de guerra y deporte». (A. Maurois)

* «Firmeza, decisión, simplicidad y reflexión están cercanas a la virtud suprema». (Confucio)

* «En la guerra hay que saber meterse lo mismo en la piel del zorro que en la del león, pues la astucia puede triunfar allí donde la fuerza ha fracasado». (Federico el Grande)

* «La adversidad es grande. Pero el hombre es aún más grande que la adversidad». (R. Tagore)

* «Quien sabe sufrirlo todo puede atreverse a todo». (Vauvenargues)

* «La dificultad atrae al hombre de carácter, pues es abrazándola como él se realiza». (C. de Gaulle)

* «La audacia ha forzado siempre el triunfo. Vencidos están aquellos que no esperan vencer». (J.-J. Olmedo)

* «De la consideración de los obstáculos viene el fracaso. De la consideración de los medios el triunfo». *(Pantcha Tantra)*

* «Todo el arte de la guerra consiste en una defensa circunspecta y bien razonada, seguida de un ataque rápido y audaz». (Napoleón)

* «Un ejército de ciervas dirigido por un león es más temible que un ejército de leones dirigido por una cierva». (Filipo II, rey de Macedonia)

* «El coraje de aquél que dirige a los demás no puede ser dudoso». (Fenelón)

* «Aunque tu enemigo te parezca un ratón, vigílalo como si fuera un león». (proverbio italiano)

* «El que no sabe disimular no sabe reinar». (máxima favorita de Luis XI)

* «En la angustia, sólo el hombre vulgar se deja abatir». (Confucio)

Adaptarse

* «Conducir y orientar nuestra vida sea cual sea la tormenta, como el marinero sabe orientar su vela sea cual sea el viento». (E. Marbeau)

* «Si yo dispusiera de nueve horas para derribar un árbol, emplearía seis para afilar el hacha». (A. Lincoln)

* «El hombre no es nada en sí mismo. No es más que una posibilidad infinita. Pero es el responsable infinito de esa posibilidad». (A. Camus)

* «No hay nada en el mundo que no tenga su momento decisivo, y la obra maestra de la buena conducta es reconocer y atrapar ese momento». (Cardenal de Retz)

* «En la vida, las cartas están dadas, pero con unas cartas dadas, cada uno puede hacer una partida diferente». (Goethe)

* «En toda batalla, en todo negocio, existe una oportunidad, a veces muy fugaz, de resultar vencedor». (A. Maurois)

* «Las pequeñas oportunidades son a menudo el origen de las grandes empresas». (Demóstenes)

* «Quien no se preocupa del futuro lejano se condena a las preocupaciones inmediatas». (Confucio)

* «Si un contemplativo se lanza al agua, no intentará nadar, intentará primero comprender el agua. Y se ahogará». (H. Michaux)

* «Una gran ley, que los hombres no tienen suficientemente en cuenta, es que del solo hecho de cambiar de lugar pueden nacer inestimables bienes, que lo que no era posible se convierte en posible simplemente porque hemos cambiado de lugar». (H. de Montherlant)

* «Los fotógrafos saben que basta con variar el ángulo del objetivo para convertir en maravilla el más banal de los objetos». (A. Koestler)

* «Mejorar es cambiar. Ser perfecto es, por lo tanto, haber cambiado con mucha frecuencia». (W. Churchill)

* «El verdadero realismo es aventura perpetua con lo imprevisible, disponibilidad perpetua». (E. Mounier)

* «Un banquero es alguien que te presta su paraguas cuando brilla el sol y lo recupera en cuanto se pone a llover». (M. Twain)

* «Comprar a crédito es como embriagarse. El placer es inmediato, la jaqueca es para el día siguiente». (Dr. J. Brothers)

* «La auténtica forma de ganar mucho es no querer nunca ganar demasiado y saber perder a propósito». (Fenelón)

* «Vale más encender una vela que maldecir la oscuridad». (proverbio chino)

* «La verdad de mañana se nutre del error de ayer, y las contradicciones a superar son el abono mismo de nuestro crecimiento». (A. de Saint-Exupéry)

* «La vida es corta, el arte es largo, la ocasión fugaz, la experiencia engañosa, el juicio difícil». (Hipócrates)

Comunicar

* «Al que tiene ideas, pero no sabe expresarlas no le va mejor que al que no las tiene». (Pericles)

* «Hay que preocuparse no sólo de la verdad que hay que decir, sino del humor de aquél a quien queremos hacérsela oír». (Séneca)

* «Las pasiones son los únicos oradores que siempre persuaden». (F. de la Rochefoucauld)

* «Dale un caballo a aquél que dice la Verdad: lo necesitará para huir». (proverbio persa)

* «Toma la palabra en dos circunstancias: cuando se trate de cosas que sepas perfectamente o cuando la necesidad lo exija». (Isócrates)

228

* «Hablad con lealtad y buena fe, actuad con honestidad y prudencia, y vuestra acción será eficaz, incluso entre los Bárbaros». (Confucio)

* «Siempre hace falta valor para decir lo que todo el mundo piensa». (G. Duhamel)

* «Te debe gustar que te aconsejen y no que te alaben». (Boileau)

* «Alabar siempre moderadamente es un gran signo de mediocridad». (Vauvenargues)

* «Podemos, a fuerza de confianza, poner a alguien en la imposibilidad de engañarnos». (J. Joubert)

* «No hay más que un lujo verdadero, el de las relaciones humanas». (A. de Saint-Exupéry)

* «Una sola gota de tinta sirve para hacer pensar a miles de personas, quizás a millones». (Lord Byron)

* «Para que la respuesta sea sabia hace falta que la pregunta sea sensata». (Goethe)

* «Si cada uno barriera delante de su puerta, qué limpia estaría la ciudad». (proverbio ruso)

* «Los perros ladran, la caravana pasa». (proverbio árabe)

Dominarse

* «Conócete a ti mismo». (Sócrates)

* «Trabajad sin descanso para conseguir mayor control sobre vosotros mismos». (Plutarco)

* «En todas las cosas, hacer lo que depende de uno mismo y, por lo demás, permanecer firme y tranquilo». (Epicteto)

* «Conocer a los demás es sabiduría. Conocerse a sí mismo es sabiduría superior». (Lao-Tse)

* «El Maestro rechazaba absolutamente cuatro cosas: las ideas en el aire, los dogmas, la obstinación, el yo». (Confucio)

* «El yo es aquello a causa de lo cual tenemos tribulaciones». (Lao-Tse)

* «Nuestros verdaderos enemigos están en nosotros mismos». (Bossuet)

* «El enemigo de fuera es más rápidamente vencido cuando el hombre no tiene una guerra dentro de sí. El enemigo más terrible y más peligroso para vuestra alma sois vosotros mismos, cuando estáis divididos en vuestro interior». (Imitación de Jesucristo)

* «La serenidad es la meta más alta que puedes fijar a tus propios esfuerzos». (Suryakanta)

* «En cuanto el hombre empieza a desear algo desordenadamente se vuelve inquieto dentro de sí mismo». (Imitación de Jesucristo)

* «Crear, no poseer; obrar, no retener; crecer, no dominar». (Lao-Tse)

* «Vale más convertirse en un hombre de valor que en un hombre de éxito». (A. Einstein)

* «Aun en el más bello trono del mundo uno nunca está sentado más que sobre su culo». (Montaigne)

* «El genio es Dios quien lo da, pero el talento es cosa nuestra». (G. Flaubert)

* «Empuja cada una de tus inclinaciones por los caminos que te proporcionen mayor riqueza y posibilidades; suprime sus endurecimientos y sus exclusivas; gusta de armonizar tu carácter mediante las disposiciones con-

trarias, a la vez que lo mantienes firmemente en su dirección maestra». (A. de Saint-Exupéry)

* «Sé más sabio que los demás, si puedes, pero no les digas nada». (Lord Chesterfield)

* «Tengo seis leales servidores. Me han enseñado todo lo que sé. Se llaman Qué, Por qué, Cuándo, Cómo, Dónde y Quién». (R. Kipling)

* «Que la *importancia* esté en tu mirada, no en lo que miras». (A. Gide)

* «La doctrina del Maestro está comprendida simplemente en el precepto de la fidelidad a uno mismo y al prójimo; un punto lo es todo». (Confucio)

* «Considera primero qué es lo que quieres emprender. Examina después tu naturaleza para ver si la carga que te impones es proporcionada a tus fuerzas». (Epicteto)

* «Las personas deberían pensar menos en lo que deberían hacer y más en lo que deberían ser». (Maestro Eckhart)

* «Todas las ambiciones son legítimas, excepto aquéllas que se alzan sobre las miserias o las credulidades de la humanidad». (J. Conrad)

* «Quien quiera que luche con la única esperanza de bienes materiales, no recoge nada por lo que merezca la pena vivir». (A. de Saint-Exupéry)

* «No des al dinero ni más ni menos valor del que tiene: es un buen siervo y un mal amo». (A. Dumas, hijo)

* «Haced del dinero vuestro Dios y os condenará como el diablo». (H. Fielding)

* «Mientras podáis, haced perfectamente lo que hagáis, pero cuando esté hecho, no penséis más en ello: pen-

sad en lo que queda por hacer». (San Francisco de Sales)

* «En lugar de intentar averiguar lo que eres, deja que lo que eres se exprese a través de la acción. Si te ocupas sólo del presente y actúas ahora de forma inteligente, el resto se resolverá por sí mismo. No hace falta pensar o hacer planes. Ello crea divisiones. Permanece ocupado con el presente, y pon en ello lo mejor de ti mismo». (S. Prajnanpad)

* «Actúa lo mejor que puedas, de modo que sientas en ti mismo: 'Sí, lo he hecho lo mejor que he podido; sí, he hecho todo lo que podía hacer.'» (S. Prajnanpad)

* «La perfección no es hacer algo grande y bello, sino hacer lo que estás haciendo con grandeza y belleza». (S. Prajnanpad)

* «El que está siempre satisfecho de lo que recibe, ha superado las dualidades, no tiene celos de nadie, permanece igual en el fracaso que en el éxito, ése no está encadenado cuando actúa». *(Bhagavad Gîtâ)*

* «No existe acción, sea cual sea el objetivo exterior, que no contenga la 'posibilidad interior' de sumergirnos cada vez más en la verdad». (K.G. Dürckeim)

* «A cada instante se nos ofrece una vida nueva. Hoy, ahora, en seguida, es nuestro único asidero». (Alain)

* «La vida es demasiado corta para ser pequeña». (B. Disraeli)

* «Si una mañana encontráis el Camino, podéis morir contentos esa misma noche». (Confucio)

* «Apresúrate a vivir bien y piensa que cada día es en sí mismo una vida». (Séneca)

* «¿Por qué aplazar vuestros buenos proyectos? Empezad ahora y decid: es el momento de actuar». (Imitación de Jesucristo)

Aimer, c'est agir.

Amar es actuar
Victor Hugo
(escrito dos días antes de su muerte)

Glosario

Se incluye aquí una lista de 323 palabras clave para permitirle una lectura por temas y facilitar su búsqueda.

NOTA: Las cifras indicadas remiten, no a las páginas, sino directamente a las reflexiones numeradas.

Abandono (abandonar, ceder) 63, 68, 187, 226, 243, 527, 547, 584, 634, 666
Activismo 55, 56, 595, 606, 613, 626, 632, 638, 639, 653, 723, 754 (ver también Tiempo)
Adaptabilidad (capacidad de adaptación) 7, 21, 22, 23, 24, 27, 89, 147, 193, 221, 225, 231, 240, 254, 455, 552, 593, 605, 624, 633, 656, 694, 707, 708, 793, 811, 830, 833
Adulación - cf. Orgullo
Adversidad - cf. Combate y Relación de fuerzas
Advertencia - cf. Vulnerabilidad
Afirmación de sí mismo - cf. Realización
Agresividad (odio) 515, 534, 570, 688, 746
Ambición 490, 588, 677, 747 (oportunismo), 822
Amenaza - cf. Vulnerabilidad
Amistades - cf. Relaciones
Amor - cf. Relaciones
Angustia - cf. Ansiedad
Ansiedad (miedo, angustia, tormentos) 78, 135, 206, 219, 220, 505, 506, 518, 547, 553, 582, 602, 671, 672, 691, 783, 796, 797, 837

Anticipar - cf. Prever

Apuesta - cf. Desafío

Armonía - cf. Ritmo

Arte (de la guerra) 196, 227, 254 (ver también Estrategia y Astucia)

Ascesis - cf. Disciplina

Astucia 155, 158, 229, 233, 236, 283, 284, 285, 286, 287, 323, 427, 741, 742, 756, 825, 827, 829

Audacia 19, 28, 29, 34, 35, 39, 54, 84, 85, 86, 87, 88, 109, 115, 122, 124, 134, 135, 136, 147, 210, 778 (ver también Riesgo y Desafío)

Autoridad 360, 363, 371, 378 - Jefe 277, 366, 384, 377, 379, 437, 448, 450, 478, 481, 491 - Mandar 386, 369, 420, 424, 431, 478 (ver también Dirigir)

Azar - cf. Destino

Bazas - cf. Suerte

Bienestar 244, 251, 834

Búsqueda, camino - cf. Ideal

Camino - cf. Búsqueda

Capacidad 17, 140, 234, 235, 397, 417, 433 - Fuerza 68, 363, 416, 481, 523, 741, 811, 825, 828, 829 - Gloria 17, 211

Carácter - cf. Temperamento

Carisma 306, 369, 372, 389, 481

Causa/efecto 179, 215, 218, 236, 273, 305, 324, 400, 472, 750

Ceremonial (ritual, ritos, ética) 133, 648, 651, 704, 710, 711, 721, 722, 780

Certeza - cf. Convicción

Circunstancias 184

Clarividencia - cf. Discernimiento

Codicia (corrupción, engaño) 378, 383, 403, 507, 508, 510, 567, 719, 761, 762, 763, 764, 773, 776, 780

Combate, conflicto 75, 137, 167, 188, 331, 385, 503, 834 - Confrontación, rivalidad 144, 161, 227, 238, 247, 268, 477, 515, 637, 717, 730, 731

Compensación 71, 513, 514, 519, 562, 759 (ver también Reacción)

Competencia - cf. Eficacia

Complicidad - cf. Confidencia

Comportamientos 518, 524, 525, 542, 543, 545, 571, 572, 582, 583, 588, 625, 626, 639, 655, 689, 700, 714, 726, 733, 809 (ver también Psicología)

Compromiso - cf. Responsabilidad

Compromisos/concesiones 258, 529

Comunicación 261, 277, 279, 296, 327, 343, 349, 350, 420 - Convencer 255, 262, 263, 264, 267, 298, 356, 361, 362, 363 - Lenguaje, palabra, habla 213, 217, 256, 257, 259, 274, 323, 324, 344, 358, 688

Conciencia 86, 517, 563, 585, 605, 815, 818

Condicionamiento - cf. Conformismo

Confianza 124, 360, 367, 402, 448

Confianza en sí mismo - cf. Convicción

Confidencia, complicidad 350, 351, 520

Conflicto - cf. Combate

Conformismo (integración, norma, condicionamiento) 12, 13, 14, 77, 222, 313, 335, 396, 444, 500, 504, 511, 512, 523, 536, 542, 543, 573, 589, 655, 726, 782

Confrontación - cf. Combate

Conocimiento - cf. Inteligencia

Conquista 18, 74, 100, 145, 182, 234, 235, 239, 267, 582

Consejo - cf. Proyecto

Contrariedades - cf. Dificultades

Convencer - cf. Comunicación

Convicción (confianza en sí mismo) 37, 41, 43, 50, 113, 158, 174, 207, 209, 252, 260, 347, 361, 367, 461 - Certeza 10, 11, 120, 158, 212, 304, 309

Corrupción - cf. Codicia

Creación (creatividad) 103, 104, 120, 536 (ver también Imaginación)

Creer - cf. Fe

Crisis 179, 670, 699

Crítica (espíritu crítico, disputa, polémica) 259, 269, 291, 292, 293, 294, 509, 725, 761, 762, 823

Cultura - cf. Inteligencia

Curiosidad 307, 350, 351 (ver también Rumor)

Darse uno mismo 191, 216, 575, 580, 785, 786, 791 - Dedicación 381, 463

Deber 375 (ver también Honor)

Debilidad, tentación 195, 370, 506, 520, 567, 610, 613, 828

Decepción - cf. Desánimo

Dedicación - cf. Darse uno mismo

Derrota - cf. Fracaso

Desafío, apuesta 46, 65, 74, 126, 130, 134, 182, 249, 557, 755 (ver también Audacia y Riesgo)

Desánimo (decepción) 63, 82, 83, 108, 130, 134, 225, 458, 556, 599, 628, 634

Desconfianza 242, 386, 387, 392, 400, 102, 103, 404, 440, 447, 724, 739, 773, 788, 808 (ver también Prudencia)

Deseo - cf. Pasión

Desigualdad 150, 438

Destino (azar) 117, 125, 173, 175, 191, 214, 226, 243, 527, 640, 641, 643, 644, 645, 676, 689, 706, 814, 819

Determinación, obstinación 5, 11, 32, 43, 91, 230, 461, 549, 593

Deudas - cf. Dinero

Dificultades 31, 84, 163, 181, 443, 671, 684, 817 - Obstáculos 134, 163, 164, 252, 566, 594, 599, 717 - Contrariedades 82, 108, 535, 538, 599, 662, 819, 830 (ver también Crisis)

Dinámica (del éxito) - cf. Eficacia

Dinero 16, 69, 281, 339, 341, 401, 428, 537, 568, 571, 608, 784, 785 - Prosperidad (riqueza, fortuna, posesión) 216, 235, 244, 398, 438, 454, 580, 719, 775, 786 - Materialismo 282, 283, 298, 471, 567, 776 - Deudas 587 (ver también Interés)

Dios - cf. Fe

Dirigir 408, 448 - Galvanizar 296, 300, 345, 415 - Dar ejemplo 302, 369 (ver también Autoridad)

Discernimiento 154, 383, 391, 392, 393, 394, 451, 522, 636, 652, 714, 716, 749, 755, 778, 792, 804, 816 - Clarividencia 94, 155, 333, 334, 424, 436, 441, 462, 476, 593, 625, 640, 643

Disciplina - cf. Rebelión

Disciplina, ascesis, obediencia 368, 369, 373, 381, 400, 408, 412, 419, 422, 424, 443, 455, 468, 469, 475, 483, 488, 489, 491, 492, 496, 497, 500, 506, 520, 521, 526, 529, 531

Discreción, secreto 19, 156, 202, 213, 397, 451, 742, 803

Disponibilidad 7, 38, 603, 606, 607, 609, 610, 611, 612, 613, 614, 615, 664, 713, 714 (ver también Tiempo)

Disputa - cf. Crítica

Dominación 79, 137, 237, 240, 560, 739, 740

Dominio 54, 71, 181, 198, 225, 329, 491, 557, 558, 604, 629 - Sangre fría, flema 23, 412, 492, 535, 582, 598, 749, 754 - Autocontrol 155, 178, 179, 491, 547, 548, 581, 626 - Virtuosidad 231, 684, 686, 687 - Habilidad 156, 159, 229, 552, 604, 632 (ver también Superarse)

Duda, escepticismo 62, 123, 126, 130, 458, 634, 804

Duplicidad - cf. Trampa

Duración - cf. Perennidad

Efecto - cf. Causa

Eficacia 70, 118, 128, 276, 743, 744 - Energía 3, 11, 43, 44, 45, 75, 80, 95, 248, 619, 620, 621, 622, 660, 780 - Competencia 129, 131, 141, 142, 431, 476, 485 - Impacto 87, 89, 139, 196, 231, 302, 489, 490, 626, 627, 632, 742 - Dinámica del éxito 1, 2, 8, 9, 10, 37, 41, 113, 134, 209, 249, 474

Elegir 32, 76, 169, 533, 597, 678

Elogios - cf. Orgullo

Energía - cf. Eficacia

Engaño - cf. Codicia

Entusiasmo 116, 150, 177, 361, 455, 541, 577, 592 - Optimismo 174, 499, 525, 540, 662 - Vitalidad 45, 206 (pasión por vivir), 207 (placer de vivir), 438, 578, 582, 650, 667, 715, 754

Escepticismo - cf. Duda

Esfuerzo 600, 633, 634, 649, 685, 686, 687 - Trabajo 131, 619, 620, 621, 622

Esperanza 75, 78, 83, 99, 121, 150, 168, 192, 332, 459, 490, 544, 667, 668, 703, 798

Espiritual - cf. Fe

Estancamiento - cf. Inacción

Estima - cf. Mérito

Estímulo 148, 835

Estrategia 227, 231, 245, 254, 262, 296, 342, 397, 399, 451, 528, 737, 743, 803, 831 (alternativa) - Táctica 156, 157, 158, 160, 161, 221, 223, 224, 229, 237, 282, 758, 811, 828 - Ofensiva/Contraofensiva 728, 729, 730, 731, 732, 737, 738, 739, 760, 823

Estrés 547, 548, 638, 639, 681

Ética - cf. Ceremonial

Excelencia - cf. Perfeccionismo

Excepcional 9, 573, 641, 644

Excusa - cf. Lamento

Exigencia 38, 370, 400, 464, 496, 497, 520, 521, 752 (ver también Perfeccionismo)

Éxito 8, 81, 175, 220, 502, 539, 594 (ver también Triunfo, Dinámica)

Experiencia 73, 91, 92, 93, 95, 524, 545, 572, 795

Farol 155, 236, 270, 271, 272, 283, 289, 318, 348, 534, 822, 826, 827

Fatalidad, fatalismo (resignación) 59, 60, 68, 123, 166, 365, 546, 569, 583, 663, 706, 782, 819

Favor - cf. Privilegio

Fe (creer, espiritual, Dios) 80, 116, 123, 124, 130, 136, 148, 151, 163, 165, 166, 177, 191, 198, 204, 207,

252, 309, 331 (instinto de sublimación), 343, 531, 584, 673, 674, 675

Felicidad - cf. Realización

Fiabilidad 381, 382, 383, 432, 460, 463, 609

Fidelidad 69, 280, 382, 402, 414, 416, 460, 586, 602, 688

Finalidad - cf. Meta

Firmeza, rigor 373, 374, 375, 400, 412, 423, 483

Flema - cf. Dominio

Fortuna - cf. Prosperidad

Fracaso (derrota) 63, 64, 107, 134, 152, 180, 194, 195, 196, 410, 540, 562, 582, 594, 623, 659, 751, 753, 812

Fragilidad - cf. Vulnerabilidad

Fuerza - cf. Capacidad

Fulgor 48, 117, 253, 254, 290, 365, 626, 632, 647, 660, 754

Fulminante - cf. Fulgurancia

Galvanizar - cf. Dirigir

Genio 92, 110, 466 (ver también Talento)

Gloria - cf. Capacidad

Gratificación 15, 16, 258, 285

Gratitud - cf. Mérito

Grupo - cf. Solidaridad

Habilidad - cf. Dominio

Honestidad (rectitud, justicia) 228, 276, 301, 347, 442, 529 (ver también Honor)

Honor 155, 208, 321, 488, 727

Huída 56, 493, 519, 590, 591, 705, 765

Idea - cf. Proyecto

Ideal 126, 300, 368, 401, 454, 488, 532, 677, 678, 700, 704, 705, 721, 780, 813 - Razón de vivir 75, 119, 120, 121, 122, 128, 137, 169, 328, 329, 332, 490, 704, 705 - Búsqueda, camino 251, 454, 490, 722

Ilusiones, utopía 239, 393, 446, 539, 789, 799, 813, 832

Imaginación 98, 99, 100, 101, 102, 200, 215, 384, 550, 599, 821 (ver también Creación)

Irresolución 61, 379, 533, 618, 678

Jactancia - cf. Orgullo

Jefe - cf. Autoridad

Jerarquía 380, 421, 450, 453, 458, 468, 481, 824

Justicia - cf. Honestidad

Lamento 34, 642, 659 - Excusa 40, 41 - Insatisfacción 6, 219, 505

Lenguaje - cf. Comunicación

Libertad 76, 77, 454, 512, 529, 542, 603, 727

Límites (posible/imposible) 13, 14, 32, 35, 90, 110, 111, 112, 122, 182, 234, 423, 589, 799

Llegar hasta el final 5, 96, 104, 128, 146, 187, 226, 560, 634, 743, 766, 768 (ver también Perseverancia)

Lógica - cf. Razón

Lucidez, realismo 35, 163, 164, 310, 333, 337, 391, 393, 394, 423, 425, 460, 533, 592, 755, 775, 801, 804, 813, 822

Mandar - cf. Autoridad

Materialismo - cf. Dinero

Medios - cf. Problema/Solución

Meditación (pensamiento) 78, 80, 109, 201, 507, 589, 605, 626, 723

Mérito 66, 218, 270, 271, 272, 279, 319, 409, 425, 452, 484, 769 - Estima 280, 313, 315, 395, 422, 440 - Gratitud, recompensa 395, 407, 746 - Valor 276, 817

Meta (objetivo, finalidad) 44, 119, 120, 172, 199, 208, 296, 482, 514, 563, 592, 601, 605, 701, 704, 769, 770

Miedo - cf. Ansiedad

Misión 474, 475, 482, 485, 486, 489

Moral 154, 156

Motivación 16, 43, 140, 296, 330, 368, 384, 385, 395, 396, 474, 479, 483, 486 - Móviles de acción 3, 18, 51, 67, 137, 138, 273, 313, 329, 401, 422, 439, 482, 489, 490, 495, 526, 536, 705, 719, 760

Móviles de acción - cf. Motivación

Negligencia 42

Negociación 258, 363, 757

Negocios 46, 95, 290, 528, 574, 657, 791

Norma - cf. Conformismo

Obediencia - cf. Disciplina

Objetivo - cf. Meta

Obstáculos - cf. Dificultades

Obstinación - cf. Determinación

Odio - cf. Agresividad

Ofensiva/Contraofensiva - cf. Estrategia

Operativo 3, 122, 139, 197, 201, 203, 217, 273, 290, 419, 475, 713, 831

Oportunidad, oportunismo 20, 25, 26, 38, 40, 89, 117, 143, 170, 171, 254, 274, 311, 527, 530, 623, 624, 625, 709, 716, 777, 806 (oportunidad)

Oportunismo - cf. Ambición

Optimismo - cf. Entusiasmo

Orgullo 140, 152, 195, 239, 269, 285, 288, 291, 333, 462, 735 - Vanidad 145, 205, 211, 213, 264, 265, 312, 316, 317, 318, 325, 338, 456, 507, 579, 822 - Adulación 233, 284, 404 - Elogios 336, 338 - Jactancia 270, 271, 272, 406, 561

Orgullo 461, 590

Osar - cf. Audacia

Paciencia 132, 394, 569, 631, 654, 663, 672, 695, 718 - Impaciencia 364, 574, 632, 654, 754

Palabra - cf. Comunicación

Pasión (deseo) 91, 114, 175, 207, 208, 216, 571, 721

Peligro - cf. Vulnerabilidad

Pensamiento - cf. Meditación

Percepción (de las cosas) - cf. Visión

Perennidad (duración) 128, 211, 435, 492, 586, 634, 636, 646, 649, 650, 651, 667, 671, 685, 690, 710, 722

Perfeccionismo, excelencia 6, 226, 496, 497, 520, 526, 557, 604, 685, 686, 696, 710, 752 (ver también Exigencia)

Perseverancia (perspicacia, tenacidad) 5, 146, 187, 229, 230, 336, 443, 486, 549, 635, 695, 696, 697, 698, 716, 720 (ver también Llegar hasta el final)

Perspicacia - cf. Perseverancia

Plenitud - cf. Realización

Poder 122, 128, 281, 340, 341, 375, 397, 398, 401, 442, 449, 760, 824

Polémica - cf. Crítica

Política, políticos 478, 571, 761

Posesión - cf. Prosperidad

Posible - cf. Límites

Potencial 122, 390, 391, 447, 464, 510 (ver también Veleidad)

Pragmatismo 129, 310

Pregunta/Respuesta - cf. Problema/Solución

Prejuicio 357

Presente (instante) 93, 598, 605, 620, 621, 622, 625, 636, 642, 643, 646

Prever (capacidad de anticipación) 21, 94, 141, 142, 149, 170, 197, 223, 254, 598, 625, 642, 646, 665, 666, 667, 708, 728, 729, 737, 738, 772, 777, 807, 815, 831

Privilegio (favor) 426

Problema/solución 57, 104, 105, 172, 189, 190, 436, 663, 718, 749, 750, 781, 782, 794, 797, 810, 836 - Pregunta/Respuesta 323, 324, 436, 798 - Medios 41, 154, 183, 197

Profesionalismo 275

Promesa 30, 113, 303, 304, 702, 703, 787, 788, 822

Prosperidad - cf. Dinero

Proyecto (idea) 51, 66, 95, 96, 106, 176, 310, 322, 357, 376, 434, 435, 624, 803 - Consejo 299, 377, 436

Prudencia (vigilancia) 7, 28, 33, 34, 54, 85, 88, 122, 147, 149, 187, 210, 247, 268, 282, 286, 394, 637, 702, 724, 728, 729, 730, 731, 732, 733, 734, 736, 739, 740, 744, 757, 779, 789, 792, 799, 804, 812, 823,

835 (ver también Discernimiento, Lucidez y Desconfianza)

Pruebas (sufrimiento) 445, 484, 562, 591, 671, 752 - Incomprensión 60

Psicología 217, 233, 236, 247, 258, 282, 285, 386, 387, 402, 404, 412, 413, 439, 559, 572, 594, 719, 733, 741, 751, 808 (ver también Comportamientos)

Rapidez - cf. Fulgurancia

Razón (para vivir) - cf. Ideal

Razón 97, 267, 269, 285, 820 - Lógica 585, 675

Reacción, réplica 72, 194, 223, 224, 249, 314, 728, 729, 730, 731, 737, 764 (ver también Estrategia y Compensación)

Realismo - cf. Lucidez

Realización (afirmación de sí mismo, plenitud, felicidad) 18, 70, 216, 232, 454, 496, 497, 531, 554, 562, 588, 600, 642, 692, 770, 784,

Rebelión (disciplina, desobediencia) 301, 411

Recompensa - cf. Gratitud

Rectitud - cf. Honestidad

Regresión - cf. Inacción

Relación de fuerzas 157, 320, 325, 326, 363, 386, 387, 388, 395, 400, 415, 477, 740, 748, 757, 761, 824, 832 (ver también Relaciones)

Relaciones, vínculos 188, 265, 295, 313, 314, 328, 340, 341, 342, 364, 374, 387, 388, 645 (reencuentro) - Amor 214, 401, 574 - Amistades 241, 242, 266, 346, 748 - Sentimientos 69, 139, 157, 253, 280 (ver también Relación de Fuerzas)

Réplica - cf. Reacción

Reputación 604

Resignación - cf. Fatalismo

Respeto 372, 480

Responsabilidad (compromiso, implicación) 58, 63, 177, 303, 311, 330, 472, 473, 485, 486, 487, 498, 517, 596, 597, 678

Riesgo 36, 40, 42, 89, 128, 134, 135, 177, 210, 736 (ver también Audacia y Desafío)

Rigor - cf. Firmeza

Ritmo (armonía) 153, 521, 626, 628, 629, 630, 633, 635, 651, 653, 657, 658, 660, 675, 679, 680, 681, 682, 683, 687, 711, 712

Ritos - cf. Ceremonial

Rivalidad - cf. Combate

Rumor 305, 306, 307, 308, 349, 350, 351, 352, 353, 354, 355, 724 (ver también Curiosidad)

Saber - cf. Inteligencia

Saber vivir 4, 138, 201, 218, 559, 680, 703, 705, 806

Sabiduría 33, 91, 122, 187, 219, 268, 551, 671, 672, 721, 722

Sacrificio 32

Sanción 223, 764 (efecto boomerang), 290, 382, 407, 409, 412 (desprecio), 420, 480

Sangre fría - cf. Dominio

Secreto - cf. Discreción y Confidencia

Sentimientos - cf. Relaciones

Sentirse seguro, seguridad 232, 244, 251, 295, 495, 514, 834

Serenidad 219, 672, 673

Simplicidad 176, 576, 816, 817

Sinceridad (integridad) 191, 321, 369, 457, 460, 576, 587

Social 77, 313, 425, 444, 500, 542, 726

Soledad 163, 222, 428, 430, 431, 500, 523, 565, 803

Solidaridad (grupo) 297, 345, 366, 380, 417, 418, 419, 429, 468, 469, 470, 477, 479, 489, 512, 759

Solución - cf. Problema

Sueño 98, 113, 114, 115, 126, 134, 261, 539, 700, 800

Suerte (bazas) 127, 134, 150, 159, 173, 174, 184, 319, 552, 744, 814

Sufrimiento - cf. Pruebas

Superarse 82, 198, 583, 752 (ver también Dominio)

Superioridad 201, 202, 370, 501, 503, 504, 509, 745, 756, 824, 828

Supervivencia, instinto de conservación 67, 79, 331, 833

Susceptibilidad 555

Táctica - cf. Estrategia

Talento 25, 131, 166, 183, 221, 246, 390, 466, 609 (ver también Genio)

Temeridad - cf. Intrepidez

Temperamento, carácter 125, 200, 443, 455, 481, 484, 524, 573, 584

Tenacidad - cf. Perseverancia

Tentación - cf. Debilidad

Tiempo 608 (y dinero), 628, 637, 650, 661, 663, 669 (de vivir), 672, 678, 680, 690, 693, 699, 702, 715, 717, 718 - Empleo del tiempo 118, 128, 131, 618, 627, 679 - Falta de tiempo 607, 609, 610, 611, 612, 614, 616, 617 «Desbordado» 606, 613, 638, 639, 694 (ver también Disponibilidad)

Tolerancia/Intolerancia 291, 404, 564, 725

Tormentos - cf. Ansiedad

Trabajo - cf. Esfuerzo

Traición - cf. Engaño

Trampa, duplicidad, traición 289, 328, 400, 403, 404, 427, 602, 761, 762

Triunfo (victoria) 10, 11, 25, 48, 94, 108, 131, 132, 145, 151, 152, 153, 161, 162, 165, 171, 180, 209, 218, 230, 649, 695, 739, 751 (ver también Éxito)

Utopía - cf. Ilusiones

Valor - cf. Mérito

Valor (coraje) 60, 85, 88, 200, 410

Vanidad - cf. Orgullo

Veleidad 30, 31, 217, 277, 278, 290, 293, 322, 358, 410, 447, 579, 790 - Inconcluso 1, 2, 213, 217, 252, 359, 376, 618 (ver también potencial)

Verdad 269, 287, 308, 309, 365, 771, 793, 801, 802, 807

Victoria - cf. Triunfo

Vigilancia - cf. Prudencia

Vínculos - cf. Relaciones

Virtuosidad - cf. Dominio

Visión (percepción de las cosas) 8, 58, 59, 64, 138, 147, 164, 170, 172, 194, 215, 254, 334, 522, 525, 538, 559, 594, 646, 802, 817 (ver también Lucidez y Discernimiento)

Vitalidad - cf. Entusiasmo

Voluntad 19, 20, 43, 68, 70, 101, 119, 120, 128, 165, 166, 167, 184, 204, 215, 216, 225, 550, 605

Vulnerabilidad (fragilidad, amenaza) 109, 195, 250, 251, 429, 450, 458, 477, 591, 739, 740, 764, 812, 835 - Advertencia, peligro 144, 148, 190, 238, 385, 403, 780

El Caballero de los Cuentos de Canterbury *de Chaucer (1490 aproximadamente). En la época de Chaucer, el ideal caballeresco había pasado ya al terreno de la literatura, pero mantenía aún todo su prestigio. El Caballero «amaba el valor, el honor y la verdad, la libertad y la cortesía... Era en todo un perfecto caballero».*

ANOTACIONES PERSONALES

ANOTACIONES PERSONALES

ANOTACIONES PERSONALES

Este libro se terminó de imprimir
el día 4 de diciembre de 1995 en
Talleres Editoriales Cometa, S. A.
de Zaragoza.

DISTRIBUIDORES DE *Iberonet, S.A.*
Editorial

ESPAÑA:

divisa red s/a

C/ Las Mercedes, 3
Tel. (983) 47 14 62 / 27 68 12
Fax (983) 27 30 83
47006 VALLADOLID

OTROS PAÍSES: